地形由来でみる東京の地名

山内和幸

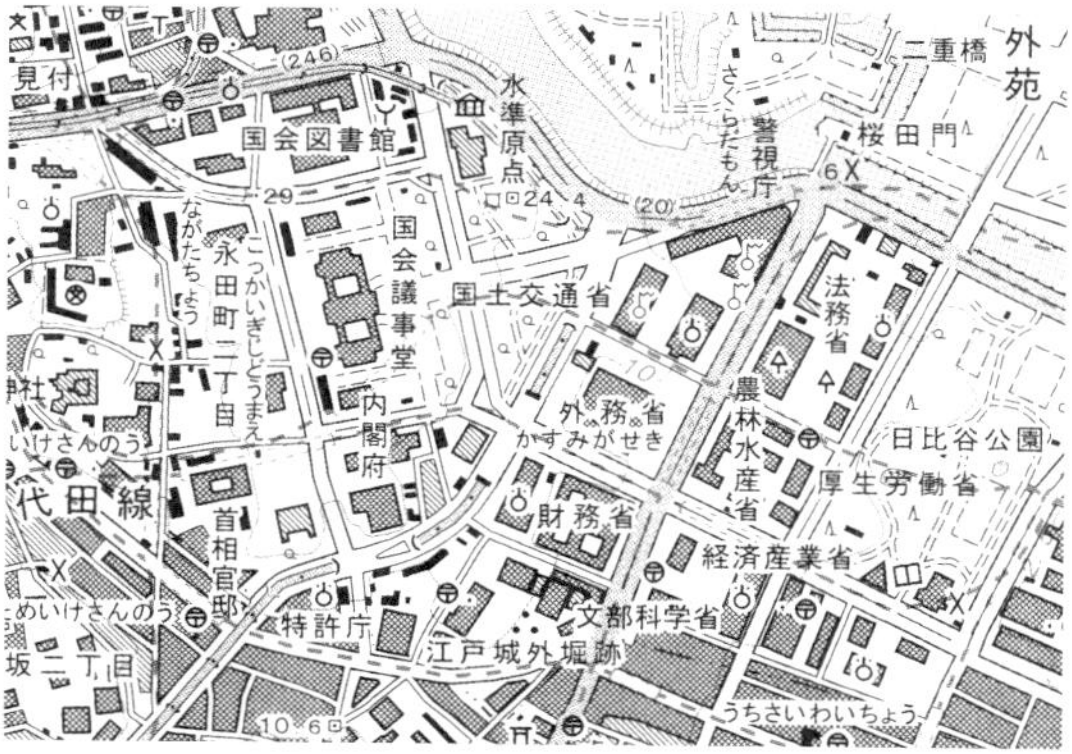

まつお出版

はじめに

東京の人はまさか、池袋に袋の形をした池があり、千駄木《せんだぎ》で馬千頭の薪《たきぎ》を採っていたと思っているのではあるまい。それなら、神楽坂では御神楽が鳴り響き、湯島に温泉が湧き出ていたことになるではないか。

地名の大多数を占める自然地名は、そのほとんどが地形に由来し、古代の人々は初めは単純な一音でその地形をあらわしていたと考えられる。

例えば、狭いところは「セ」、崖地は「ガ」、湿地は「ヌ」といった具合である。その後、接尾語が加わりセト（狭所）、ガケ（崖処）、ヌマ（沼間）などの地名になった。セトは母音が交替（母交という）してセタになり、世田谷区瀬田《せた》、愛知県瀬戸《せと》市や滋賀県大津市瀬田《せた》なども同じ狭い谷の地名になったのであろう。

地名はさらに音便化することが多く、江東区亀戸《かめいど》はカメドが、杉並区高井戸《たかいど》はタカドの音便化したもので、いずれも井戸とは関係ないと考えられる。

また、セタガヤ（世田谷）がセンダガヤ（千駄ヶ谷）に転ずるのは自然のなりゆきであり、それぞれ狭い谷を示す地形の地名である。

東京は、武蔵野台地の先端部に当たる台地とそこを侵食した狭い谷のある山の手と、江戸川、荒川、隅田川沿岸の沖積平野にある下町で成り立っている。

台地上には台町《だいまち》といわれる台東区上野や豊島区高田、港区白金などが見られるが、台地のフチ（縁）やハシ（端）には高い崖地も多く、北区田端《たばた》や港区の麻布《あざぶ》のように崖地であることを警告する地名や八景坂、九段坂のように急坂を示す地名も多い。

東日本では関東平野を中心に、台地が刻まれた谷や低湿地にはヤチ（萢・谷地）を示す集落が発達しており、群馬県熊谷市、千葉県鎌ヶ谷市などの都市名をはじめ、群馬県安中市油谷津《あぶらやつ》、埼玉県上尾市谷津、神奈川県小田原市曽我谷津、東京都稲城市上《かさ》谷戸《やど》、西東京市谷戸《やと》町などがある。

東京二十三区内のヤチは谷町《たにまち》といわれ、台東区入谷、渋谷区富ヶ谷、目黒区碑文谷など多く見られ、下町の低湿地には足立区皿沼、辰沼、台東区浅草、江戸川区松江《まつえ》、江東区猿江《さるえ》などの湿地特有の地名がある。

本書は、地形由来の地名に主眼をおき、俗説がむしろ通説になってしまっている地名由来に一石を投じてみた。

またその範囲は東京二十三区のほか、伊豆諸島などの島嶼地域を含めた東京都の市町村や、関東地方の気になる地名についてとりあげた。

さらに、全国各地の類似地名にもできるだけ足を運んで確かめ、より実証的な地名考証ができるように心がけた。

地名の多くは、その発生したころの自然のありさまを教えてくれる古代語の生きている化石ともいえるので、ほとんどの地名由来を日本語の語源に求めているが、本文の記述内容にはいくつか誤謬や独断などがあるかもしれない。

どうぞご容赦の上、みなさんからの忌憚のないご意見、ご叱正などをいただきたい。

本書によって、祖先が残した地名の多くが危険な場所を警告するということを知っていただけたら幸いである。

目次

第2章　東京都市町村編……73

序章　地名由来を間違えてしまう理由《わけ》

一　漢字の字義をそのまま解釈している

間違った地名由来の一番の原因はこれだ。

地名の成り立ちとしては、ありのままの言葉がまずそこにあり、その発音にあわせて後世の人が勝手に気に入った漢字を使って表記したものがほとんどだ。

古くは、天智九年（六七〇）に作られた戸籍の「庚午年籍《こうごねんじゃく》」、平安中期に編纂された『延喜式《えんぎしき》』や『和名類聚抄《わみょうるいじゅしょう》』などに見られる国、郡、郷名などの漢字表記についても、そこにあった地名の平仮名や万葉仮名表記を無理やり漢字の好字二文字などで記載しており、地名の原義が失われていることが多い。

ムサシを例にすると、七世紀ごろまでは「牟射志《むさし》」「無邪志《むさし》」などと表記されており、「武蔵」という漢字の意味を解釈するのでなく、ムサシという素朴な日本語の原義から地名由来を探るという基本的なことが大切である。

また、タマは多摩や玉、多磨などの表記があるし、ハナでも、足立区花畑《はなはた》、福島県福島市飯坂町鼻毛《はなげ》、富山県南砺市城端《じょうはな》などの漢字表記があり、現地をたずねてハナの意味を慎重に考証する必要がある。

決してそこに花畑があったり、鼻毛の濃い人が住んでいたわけではない。

二　地名由来を伝説や伝承に求めている

島根県奥出雲町には鬼の舌震《おにのしたぶるい》という不思議な地名の美しい渓谷があるが、その由来を、出雲風土記にある「和仁《わに》（鮫のこと）のしたぶる（慕う）云々」という伝説に求めている。

そこは、鬼かと思えるほどの奇岩怪石の間を渓流が滴り落ちているが、その様子から伝説をつくって出雲風土記に記載したのだ。

渋谷区幡ケ谷《はたがや》、目黒区洗足《せんぞく》、栃木県日光市戦場ヶ原、千葉県銚子市犬吠埼《いぬぼう》なども地名伝説にその由来を求めているが、これらはまず先に地名があり、その漢字表記にあわせて伝説をつくり上げたのか、伝説にあわせた漢字表記にしたのだ。

神仏や歴史上の英傑などにまつわる伝説や伝承は虚構の文学作品と同じだから、それを地名由来としてはいけない。

三　各地にある同じ地名との比較検討がなされていない

民俗学者柳田国男は、その著『地名の研究』の中で、地名由来を探るために全国各地の同類地名を多く収集し、その比較考証を念入りに行っている。

例えば、シオジリ（塩尻・塩後）という地名を全国各地から拾うと、同じような山間地のシボ（萎）んだ地形のところにあり、マゴメ（馬込・馬籠）は馬とは関係ないことがわかる。

四　江戸時代に編纂された古文書の地名由来をそのまま安易に根拠としている

『御府内備考《ごふないびこう》』や『新編江戸志』などの各種古文書に見る地名由来は、当時の巷間に広がっている俗説・伝説をそのまま記載したり、漢字の字義を単純に解釈したものがほとんどである。

特に江戸東京における地名由来が独善的なのは、中近世の時代には地方の地名情報が入りにくく、まさか白金や駒場、早稲田などが全国各地に多数あることを知ることもなく、江戸の地名についてのみの考証になっているからだ。

古文書などに見る地名由来は見当違いが多いことを念頭に置く必要がある。

第1章　東京23区編

土壌の浅いところに草がいっぱい生えていたのだろうか

浅草《あさくさ》（台東区）

草深い武蔵野の中でも比較的茂っていない場所を示すという俗説がある。アサには水が滞る場所を示したり、アザに通じる言葉で荒地を思わせるし、クサは「腐《くさ》る」という言葉が語源で、腐食したような土壌の地を示すから、浅草は荒涼とした低湿地そのままの地名である。

杉並区井草《いぐさ》や埼玉県川島町伊草《いぐさ》、茨城県境町井草本田も湿地を示し、藺草《いぐさ》の産地に由来するものではない。今津川の沿岸にある千葉県市原市千種《ちぐさ》や愛知県名古屋市千種区千種《ちくさ》もクサ地名で、同じく湿地を示す地名だ。

岐阜県大垣市浅草は揖斐川と杭瀬川に挟まれた沖積平野の湿地帯にある。

麻の布きれなんかが地名になるわけがない

麻布《あざぶ》（港区）

麻を植えて布を織りだしたところか、草が麻々と生える土地を示すという説は、漢字を単純に解釈したもので従えない。

麻布は西麻布、元麻布、東麻布、麻布台、麻布十番などに名を残しているが、麻の布というまことに都合の良い表記であることが、この地名が植物の麻と関係の無いことをかえって強く物語っている。

その地名由来は、崩れ易い崖地を意味するアズとその周辺を示すべ（辺）のアズべがアザブに訛ったもので、麻布台地をめぐる坂道や崖地の多い麻布界隈の地形をよくあらわしている。

アザブはアサフ、アソウなどに転じ麻生という地名が全国各地に多く、神奈川県川崎市麻生区《あさお》もアザブから転じた地名だ。

杉並区阿佐谷《あさがや》は、桃園川の浅い谷地を示すという説があるが、やはり崖地を示すアザ・ガ・ヤ（谷）の転と考えられる。

また広島県広島市阿佐《あさ》南区のアサもアザの転であり、崩壊しやすい急傾斜地を示している。

小豆は地名になるほど特別貴重な穀物だ

小豆沢《あずさわ》（板橋区）

ここには、平将門《たいらのまさかど》が貢物の小豆を運送中、舟が難破しその小豆が荒川の入り江に流れ込んだことに由来するなど、多くの地名伝説がある。

麻生と同じく荒川の入り江の侵食地を示すアズが語源で、小豆とは関係がない。

アズ地名は、栃木県那須町梓《あずさ》、栃木市梓町、長野県の安曇野《あづみの》や梓川《あずさ》など全国各地に多い。

山の名前にもアズに由来するものが多く、山形、福島両県にまたがる吾妻《あづま》連峰や島根、広島県境の吾妻《あづま》山、長野、群馬県境の四阿山《あずまやさん》やアサに転じた浅間《あさま》山、アソに転じた熊本県の阿蘇山なども崩壊地形が見られる山だ。

香川県の小豆島《しょうどしま》は古事記では「アズキシマ」とあるが、アズ・キ（接尾語）は険しい地形の場所を示し、島には嶮岨《けんそ》山や寒霞渓《かんかけい》のような険しい地形がある。

池上《いけがみ》（大田区）

池地名のほとんどは鯉や鮒《ふな》の泳ぐ池ではない

池に棲む亀にちなんだ「池亀《いけがめ》」が訛ったとか、洗足池の池端に由来するなどの説があるが池にこだわってはいけない。

イ（井）・ケ（処）・カム（咬・噛）の転で、イは井戸のことではなく、水の流れや湿地などのことで、カムは削られた地形を示すから、池上は呑《のみ》川の侵食した地形を示すと考えられ、山間地の谷にある茨城県桜川市池亀《いけがめ》も同じ由来だ。

イケは湧水地が多いので池のある所もあるが、池山、池下、池谷、池田など多くの池地名は、いわゆる池に由来するものではない。

新潟県津南町には池田の池があるが、イケ・ト（所）の池の転で、小さな流れを塞き止めてつくった溜池だ。

カムの転じた地名には、大田区蒲田《かまた》、世田谷区鎌田《かまた》、岐阜県高山市奥飛騨温泉郷神坂《かんざか》などがある。

東京都三鷹市の井の頭《いのかしら》公園にある井の頭池は、江戸時代に引かれた神田上水（神田川）の水源になっている湧き水による池で、まさに「井」の頭にあるのだ。

不忍池《しのばずのいけ》に面した台東区池之端《いけのはた》や江戸時代の溜池に由来する千代田区永田町の溜池《ためいけ》山王《さんのう》駅に見る溜池などは数少ない池そのものの地名だ。

名古屋市千種区今池《いまいけ》は、江戸時代に馬を洗った馬池《うまいけ》が訛ったものというが、イ（井）・マ（間）・イケで、湧き水の流れる湿地を念入りに重複させた地名だ。

せっかく馬という縁起のいい漢字をわざわざ今に替える必然性は無いし、千葉県匝瑳《そうさ》市の馬洗池のような池があったとしても、地名にするなら馬洗になるはずで、今池の方が馬池よりはるかに古いころからあった地名と考えられる。

袋の形の池など一体誰がどこで見たというのだ

池袋《いけぶくろ》（豊島区）

埼玉への風を感じつつそのエスニックな土臭さとともに、どこか郷愁いざなう池袋は関東、東北に多い袋地名の代表格だ。

池袋はそこに袋の形をした池があったことに由来するという説があるが、池や袋とは関係がない地名である。

フクロはフク（噴）・ラ（接尾語）の転で、池袋は淀みに浮かぶ泡沫《うたかた》が水底からブクブクと噴き出ているような湿地帯を示し、ここで噴出した水はやがて弦巻《つるまき》川になったと言われている。

茨城県石岡市池袋や千葉市若葉区旦谷《だんや》町池袋、横浜市中区池袋、茅ヶ崎市小和田池袋、長野県富士見町池袋なども丘陵や山地からの湧き水にちなむ地名で、やはり池とは無縁である。

袋地名は中野区沼袋、岩手県田野畑村沼袋、埼玉県越谷市大袋など湿地に多いが、山間地では群馬県嬬恋村袋倉など袋小路のようになった谷にもある。

また、川が大きく湾曲して流れ、袋状になっている土地につけられた地名もある。

福島県会津坂下《あいづばんげ》町袋原は、阿賀野川の旧河道が大きく曲流している所にあり、埼玉県鴻巣市袋は元荒川の、福岡県うきは市袋野は筑後川の大きな湾曲部にある。

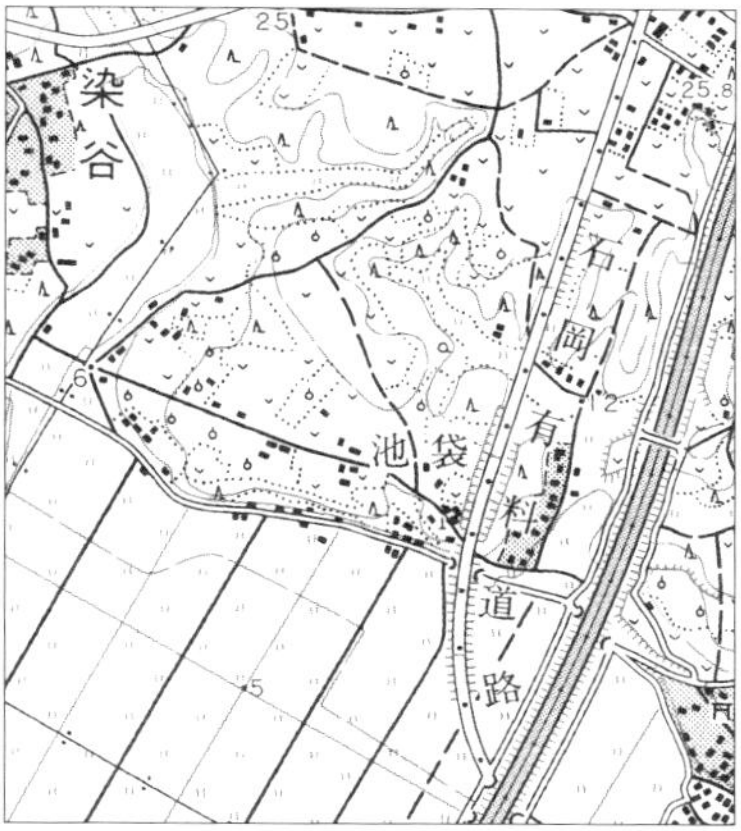

茨城県石岡市池袋

長野県富士見町池袋

川のないところに多い板橋は橋とは無縁の地名だ

板橋《いたばし》（板橋区）

石神井川に架かる中山道の板橋に由来するという説がある。

『平家物語』や『義経記』には板橋という地名が見え、そこには板橋氏が拠《よ》る板橋城という砦があったとされるが、橋との関係を思わせるものではない。

この板の橋が中世から連綿と営まれてきたものだとは考えにくく、江戸時代に中山道が整備されたおりに、石神井川に堅牢な板の橋が架けられたので、こうした俗説が生まれたと考えられる。

イタバシはイタ（傷）・ハシ（階・端）の転で、傷《いた》んだように見える荒地の崖や端を示す。板橋区の中山道界隈を歩くと、付近は高所と谷が複雑な地形を作っており、いたるところに傷んだ階段状の斜面や崖があったと考えられる。

各地の板橋を見ても河川がない所に多く、台地や丘陵の斜面や崖にある地名だ。茨城県龍ケ崎市板橋《いたばし》は海抜二十メートルほどの常陸台地から小野川の流れる低地に落ちる崖地を示す地名で、茨城県筑西市板橋には隣接して花橋《はなばし》もありいずれも台地の端を示す。

栃木県日光市板橋も同じ地形地名で、中世に居城を営んだ板橋将監《しょうげん》親棟の名にちなんだものという俗説があるが、板橋某は居城のある地名を氏《うじ》名としたのだ。

神奈川県小田原市板橋は用水路に架けられた板の橋に由来するとされるが、箱根登山鉄道箱根板橋駅の北側には丘陵からの険しい急斜面があることから、やはり地形地名と考えられる。

ほかに宮城県登米《とめ》市迫町新田板橋、茨城県つくばみらい市板橋、千葉県東金市滝沢板橋、鴨川市上《かみ》板橋、八街《やちまた》市滝台板橋などある。

板橋や土橋のあるところには茨城県北茨城市橋場、大子《だいご》町橋場、神奈川県厚木市橋場などの橋場地名が多い。

石神井川に架かる板橋（板橋区）

茨城県龍ケ崎市板橋

市ならば市場があったに違いないと思うのは早合点である

市谷《いちがや》（新宿区）

市場の売買にちなむ市買《いちがい》の転か、この付近の四つの谷のうち一番目の谷という意味や、斎《いつき》人である祈祷者が住んでいた谷というようにさまざまな俗説がある。

イツ（厳）・ガ・ヤ（谷）の転で、皇居内堀に面した厳しく険しい崖のある谷を示す。

源平合戦があったとされる兵庫県神戸市須磨区一ノ谷町にも厳しい渓谷があるが、千葉県いすみ市谷上一ヶ谷、徳島県三好市一宇《いちう》、山口県長門市三隅上《みすみかみ》一の瀬など、各地の谷や沢にあるイチ（市・一）地名の多くは険しい谷地形を示す。

人はその一族の本拠地を名乗るものだ

梅田《うめだ》（足立区）

木曽義仲に呼応して滅びた源義広の子孫が梅田氏を名乗り、この地に住んだことによるという説はむしろ逆で、梅田に住んでいたから梅田氏を名乗ったのである。

武将の氏名は江戸氏、豊島氏、千葉氏、足利氏など、ほとんどがその本貫《ほんがん》の地名からとったものだ。

ウメダはウミ（倦）・ト（所）の転で、隣接する梅島《うめじま》とともに荒川左岸のジュクジュクに倦《う》んだ湿地を示す。

群馬県明和町梅原は利根川左岸の広い低湿地になっている。

長野県南牧村《みなみまき》の海ノ口や海尻、岐阜県恵那市上矢作町《かみやはぎ》海《うみ》のように、山間地に多い海地名もほとんどはウミ（倦）に由来し湧水地のある悪所を示す。

ウメ地名のなかには大阪市北区梅田《うめだ》のように、埋《う》め立てて造られた土地に由来する地名もあるので注意が必要だ。

えこだか、えごたか、ごたごたした町の由来はスッキリしたもの

江古田《えごた》（中野区）

練馬区にある西武池袋線江古田《えこだ》駅界隈は、日大芸術学部や武蔵大、武蔵野音大などがあり、学生街の雰囲気を醸《かも》しつつ一種独特の雰囲気がある。

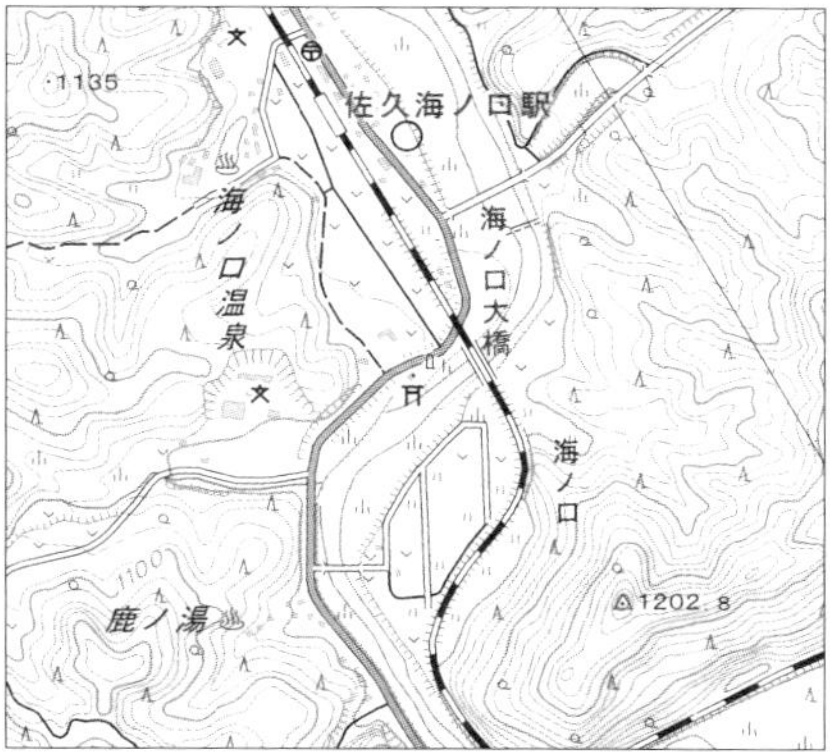

長野県南牧村海ノ口

この江古田駅周辺がいわゆる東京の江古田かと思いきや、このあたりはかつての多摩郡江古田《えごた》村の新田として開発されたところで、江古田の本村は中野区江古田《えごた》である。

エゴタとは、エグ（抉）・ト（所）の転で、抉れた地形を示している。

地下鉄大江戸線の駅名は「新江古田《しんえごた》駅」であり、本村の呼び方をきちんと踏襲しているが、西武鉄道が駅名を「えこだ」としたため混乱を招いてしまった。

このような地名と駅名の関係では、明治二十三年に秋葉原《あきばはら》に開設された駅名を「あきはばら」とした例がある。

福島県いわき市錦町江栗《えぐり》は鮫川により、熊本県玉名市和水《なごみ》町江栗は菊池川によって抉り取られた地形になっている。

群馬県明和町上江黒《えぐろ》、下江黒は、谷田川の侵食地形を示すエグ（抉）・リの転か湿地を示す江の畔《くろ》を示す。

エグが転じたエゲには、神奈川県鎌倉市会下、愛知県東海市荒尾町恵毛、蒲郡市形原町会下、鳥取県鳥取市気高町会下などがある。

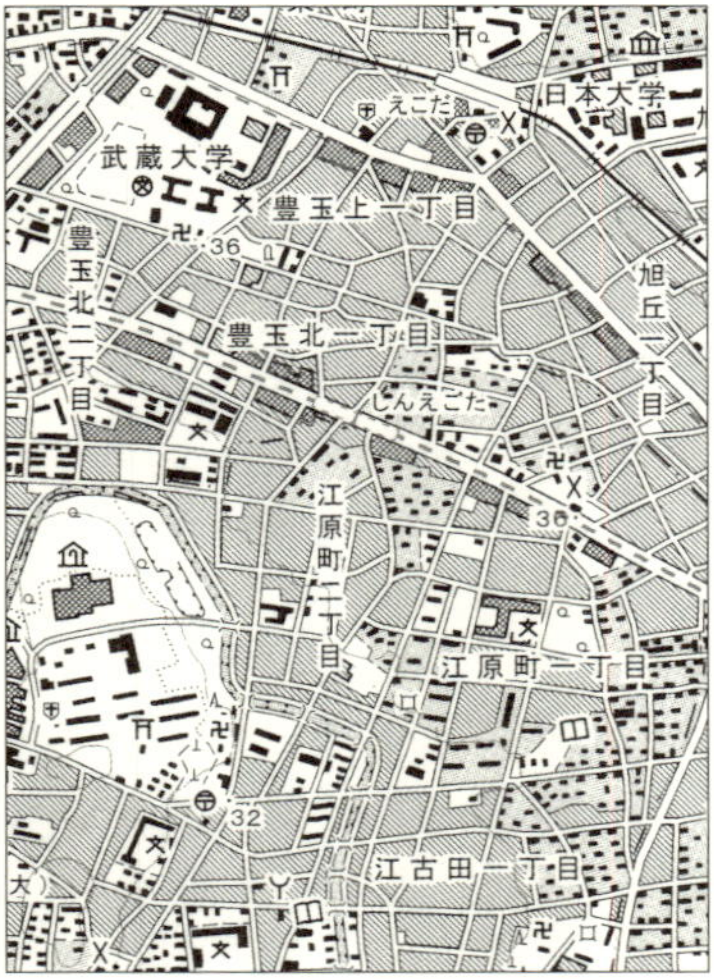

中野区江古田

【コラム①　江戸と淀橋】

江戸が入り江を示すのなら、埼玉県や岐阜県の江戸地名はどうなるのだ。江戸の由来は、かつての日比谷入江の入り口をあらわす江・ト（門）の転であるとか、戸は渡《と》のことで、入り江の渡し場を示すなどの説がある。全国各地の入り江に江戸地名が見られないことから、江戸の江は入り江のことではないと考えられる。

エドは、ヨド（淀・澱）やイ（井）・ド（所）の訛ったもので、悪水の溜まったよどんだ湿地のことで、皇居の東を流れる日本橋川沿岸地域を示すと考えられる。

この地域の日本橋川は、かつて日比谷入江に注いでいた神田川の本流であり、ぬかるんだ低湿地であるためしばしば洪水に悩まされた。そのため幕府は、二代将軍徳川秀忠の時に、城下の江戸の町を水害から守るために、お茶の水付近の本郷台地を開削して神田川の放水路をつくり、新神田川として直接隅田川に注ぐようにした。

文京区あたりの神田川をかつては江戸川と呼んでおり、江戸川橋がその名残としてあるが、下流の江戸に通ずる意味で名づけられたのか、この地域によどんだ湿地を示す江戸地名があったのかもしれない。

千葉県と東京都の境をなしている江戸川は、江戸に通ずる川ということで名づけられたとされている。

埼玉県川口市南部にある毛長川は大きく南に湾曲しているが、この内側に江戸と江戸袋という地名がある。ここのすぐ北には西沼公園や蓮沼の地名があり、まさにこの一帯はかつては低湿地そのものだったことを物語っている。

茨城県八千代町仁江戸《にえど》はヌ(沼)・エドの転で、鬼怒川右岸の湿地を示すが、その北方の低湿地には沼森という地名もある。

岐阜県高山市久々野町無数河《むすご》江戸は山間地の小河川が作った湿地帯にある。

東京の西新宿から北新宿にかけては、かつて東京府豊多摩郡淀橋《よどばし》町といわれた。現在は、「淀橋教会」「淀橋市場」「淀橋幼稚園」「淀橋第四小学校」などが数少ない淀橋の残照としてある。

新宿駅や都庁あたりと比べて神田川界隈は十メートルほど海抜が低く、淀橋付近では確かに神田川が淀んで流れるような低湿地になっていたと思われる。

一方、京都市伏見区の京阪淀駅前の「淀城」には淀君《よどぎみ》が拠ったが、幕末には鳥羽伏見の戦いのあと、官軍と新撰組などの幕府方が戦った戦場だ。そこは木津川、宇治川、桂川の三川が合流する古代から舟運の要所であるが、付近は川水が常に淀んでいる湿地帯でもある。「淀城址」には与杼《よど》神社があり、ヨドの地名は古くからあったことがわかる。

島根県米子市淀江《よどえ》にはかつて淀江潟があり、その淀みの地形はまさに、淀と江戸の合体したような地名といえる。

埼玉県川口市の江戸と江戸袋

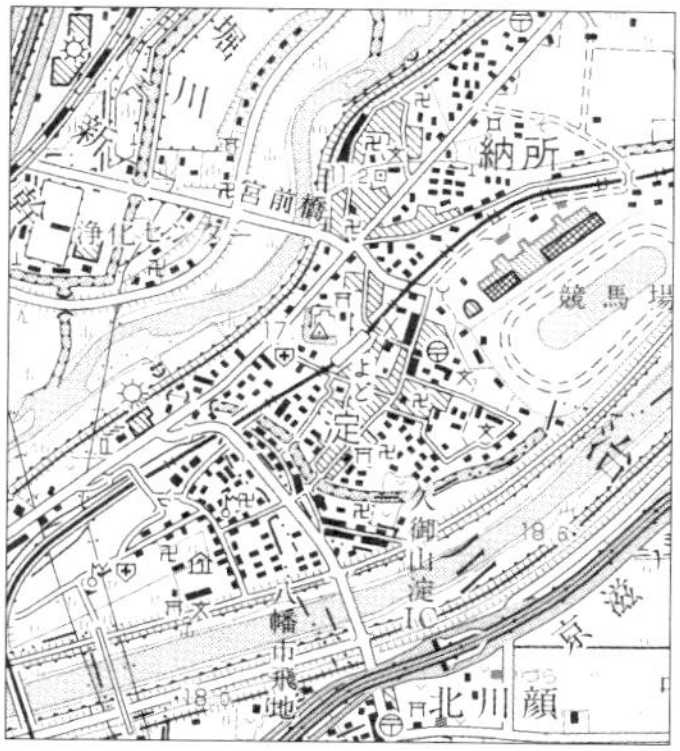

淀城址（京都市伏見区）

植物地名は当て字として使われることが多い

荻窪《おぎくぼ》（杉並区）

そのあたりに荻の生える窪地があったかのようだが、ささいな植物を地名にすることはほとんどない。湿地を示すウキとクボ（窪）が転じたオキクボか、オク（奥）・クボ（窪）の転とも考えられる。

神奈川県小田原市荻窪は宮久保や扇町と隣接してあり、いずれも小田原市役所周辺の湧水地や低湿地を示している。

季節感のある荻や萩は和歌や俳句によく見られるのだが、地名に用いられることも多く、群馬県長野原町には荻之平と萩原が隣接してある。

萩原はハギ（剥）・ハラで、剥ぎ取られるように侵食された地形を示す。

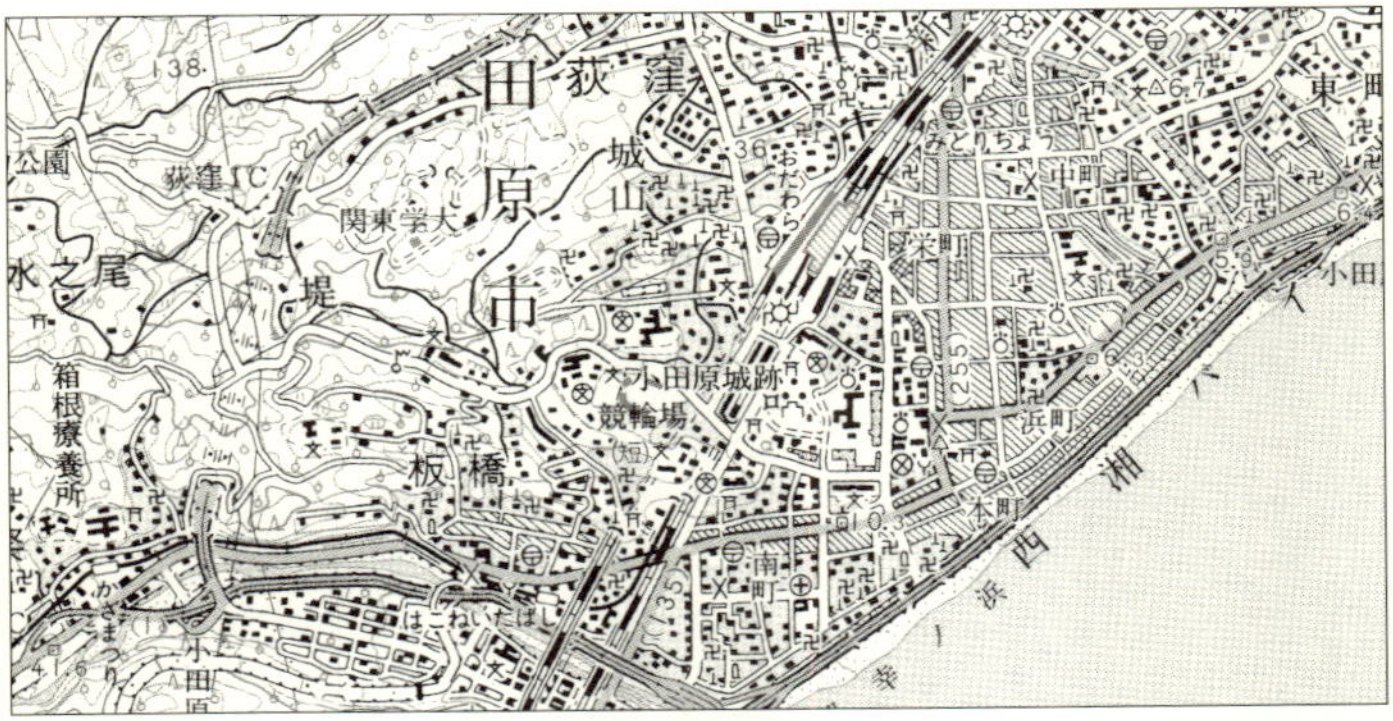

神奈川県小田原市荻窪と板橋

漢字の意味は新田集落を示すのだが

興野《おきの》（足立区）

旧本木村の奥にあったことを示す奥野が転じたという説があるが、オキは低地や湿地を示すウキの転で、荒川北岸の低湿地を示すと考えられる。小字に沼耕地があり、湿地を新しく開墾した地域なので、新田を興《おこ》すという意味を込めた表記にしたのだ。

興野の隣は足立区扇《おうぎ》で、秋田県能代市扇田《おうぎだ》と同じくウキが転じた湿地地名に縁起物の扇の字をあてたと考えられる。

北区浮間《うきま》は荒川とその旧河川である新河岸川に挟まれた中洲にあり、茨城県稲敷市浮島は浮島レンコンの産地になるほどの低湿地を示す。

ウキが転じたフケ地名には茨城県取手市小浮気《こぶけ》、千葉県成田市小浮《こぶけ》などがあり、滋賀県守山市浮気《ふけ》町は、野洲川の伏流水が湧き出る湿地帯を示す。

神奈川県小田原市荻窪

カグラとくれば神楽という漢字にしたい

神楽坂《かぐらざか》（新宿区）

市谷八幡宮、高田穴八幡宮のお旅所、若宮八幡社など、このあたりのいくつかの神社の祭礼に奏される御神楽の音にちなむというのは、漢字の字義そのままに記述された『江戸名所図絵』などの古文書に由来する俗説である。

カケ（欠・崖）・ラ（接尾語）・サカの転で、茨城県茨城町中石崎神楽坂《かぐらざか》と同じく崩れやすく険しい急な坂を示す。

中央線飯田橋駅から牛込台地に登る急な斜面には、往古は今のような道は無く、階段状の険しい崖を小道が登っていたと考えられ、まさにこの場所の地形を素直に表現した地名なのだ。

薬師川の狭い谷にある岩手県宮古市神楽や小字に狢《むじな》ノ倉がある栃木県佐野市御神楽《みかぐら》は急斜面に挟まれた山間部にあり、やはり神社の御神楽《おかぐら》とは関係ない。

毎月十日に御神楽を奉納するかのような地名の、岐阜県八百津町十日神楽《とうかぐら》は、木曽川が幼年期の丘陵を刻んだV字谷の険しい断崖の上に載る集落である。

また、カ（接頭語）・クラ・サカの転と考えると、険しい斜面や崖を示すクラ地名になるが、いずれにしても同じ地形地名になる。

クレに転じたものもあわせたクラ地名は各地に多く、久礼・暮・呉・倉・蔵・鞍などの漢字が当てられており、富山県富山市呉羽《くれは》、岐阜県瑞浪市木暮《このくれ》、兵庫県神戸市長田区名倉《なぐら》町などがある。

山地にはクラとガケを示す鞍掛《くらかけ》山や鞍掛峠が散見されるし、栃木県の日加倉《ひかくら》山、京都府の鞍馬山、群馬県の谷川岳一ノ倉沢などにも険しい地形がある。クラ・べ（辺）が転じた断崖絶壁のつづく富山県の黒部《くろべ》峡谷など、クロに転じたクラ地名も多い。

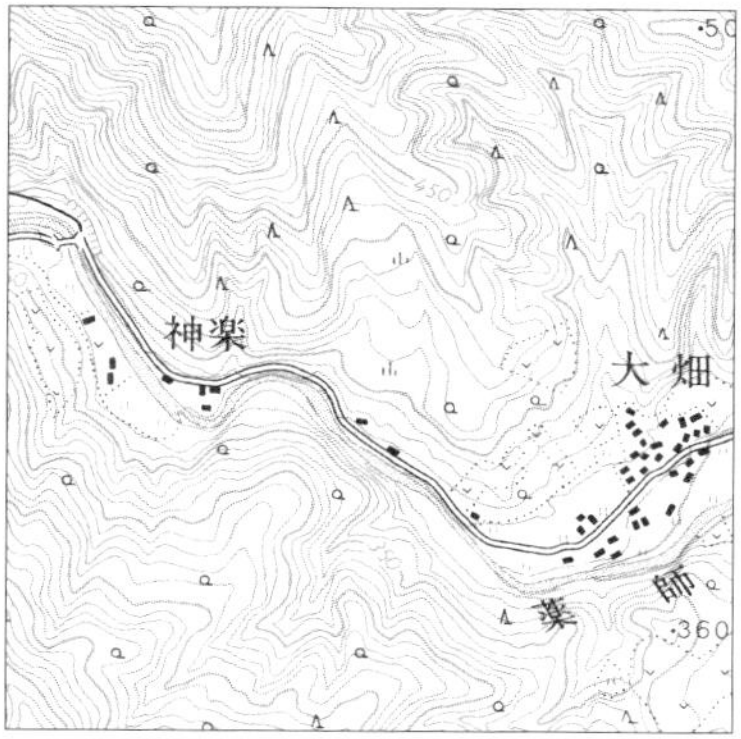

岩手県宮古市神楽

御神楽橋（栃木県佐野市）

【コラム②　関と地名】

古代三関《さんげん》の不破《ふわ》関は岐阜県関ケ原町、鈴鹿関は三重県亀山市関町、愛発《あらち》関は福井県敦賀市にあったとされるが、関ケ原町や関町の名はあるが、不破関や鈴鹿関、愛発関というダイレクトな関地名はない。

奥州三関の一つ白河関があった福島県白河市も白河関市でないのは、白河という地名が関所の設置以前からあり、ここも関所が地名になっていないことを示す。

青森県平川市碇《いかり》ケ関には、近世に津軽藩の関所が設けられたが、ここの川の洪水が激しく怒ケ堰《いかりがせき》といったことに由来するという説があるくらいだから、関所が設置される前からあった地名と考えられる。

イカ（厳）・リ（接尾語）は険しい地形の場所を示し、セキはセ（狭）・コ（処）の転で、現地の狭く険しい地形をよく示す地名である。

「関の五本松」で有名な島根県松江市美保関《みほのせき》は、ミ（接頭語）・ホ（秀）・セキで、半島の先端の狭い海岸になっている。

山口県下関市の古名の赤間関《あかまがせき》は、アキ（開）・マ（間）・セキの転で、ぽっかり開いたように見える狭い海峡を示す。

「関サバ」で有名な大分県大分市佐賀関《さがのせき》には、サカ（坂）の海関に由来する説があるが、ス（州）・カ（処）・セキの転で狭い砂浜海岸を示すと考えられる。

各地にある関や関戸《せきど》の地名もほとんどは関所とは関係がなく、村境などにあって厄災を塞《せ》き止める賽《さい》の神や河川の堰《せき》などにちなむものが多い。

岩手県一関《いちのせき》市は、奥州安倍氏や藤原氏、江戸時代の田村氏などが設置した関所に由来するなどの諸説があるが、はっきりした定説がないことから関由来とは考えにくく、北上川の堰や村境の賽の神に由来すると考えられる。

白河関跡（福島県白河市）

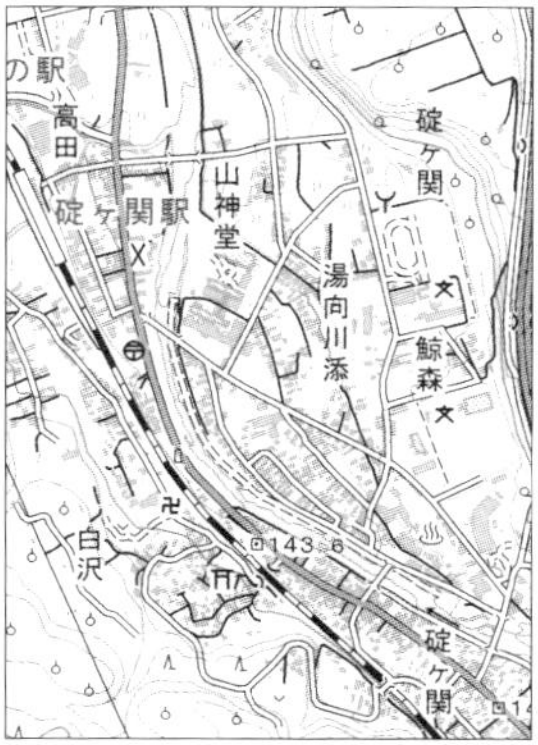

青森県平川市碇ヶ関

やれ雲だの霞だのは地名にはならない

霞が関《かすみがせき》（千代田区）

雲霞《うんか》たなびく絶景のこの地に、日本武尊《やまとたけるのみこと》が蝦夷《えぞ》に対して関を設置したことに由来するという地名伝説とか奥州街道の関所跡にちなむという俗説がある。

カ（接頭語）・ス（洲）は砂地の荒地を示し、接尾語のミとセキで、かつての日比谷入江の枝谷の狭い砂地を示す地形地名だと考えられる。

霞ヶ関は『続千載和歌集』などに詠まれた歌枕で有名だが、その場所については諸説あることから、古来より歌枕で有名な福島県いわき市の勿来《なこそ》関のように、和歌の上での架空の関であったとも考えられる。

埼玉県川越市霞ケ関には鎌倉街道の関所があったとされるが、砂地になっている入間川左岸あたりに有名な歌枕の「霞ヶ関」にちなんだ地名をつけたと考えられる。

茨城県行方市霞《かすみ》は霞ヶ浦の沿岸の西浜に隣接

埼玉県川越市霞ケ関

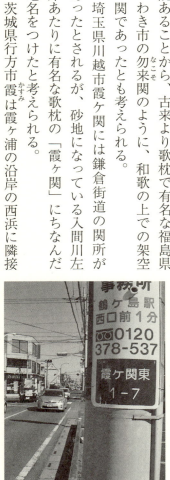

し、かつての海の入り江の沿岸からつづく砂地になっていることを示す。

明治神宮外苑周辺の新宿区霞ヶ丘町《かすみがおかちょう》、霞《かすみ》神社のある東京都八王子市加住《かすみ》町、埼玉県川越市かすみ野、千葉県習志野市香澄《かすみ》、兵庫県香美《かみ》町香住《かすみ》なども砂質の土地を示す。

葛をカズラやクズと解釈してはいけない

葛飾《かつしか》（葛飾区）

葛《かずら》が繁茂しているところに由来するという俗説は、単に葛の漢字にとらわれたもので、飾についての説明がない。

カツシカという地名は、古代には可都思賀、加止志加、勝鹿などと表記され、東京都葛飾区はその西端であり、千葉県市川市あたりを中心として、茨城県から埼玉県に及ぶ広大な地域であった。

カツは高所や堅い土質の場所を示し、シカはスカ（洲処）の転とすると、葛飾は、古利根川などの諸河川の運んだ砂礫でできた微高地や自然堤防を示すと考えられる。

豊島区巣鴨《すがも》は、鴨の巣に由来する説があるが、巣がそこにあるからといってそれをすぐ地名にしたとは考えられない。

かつては洲鴨、菅面などの表記も見えることから、スガモはスカ（洲処）・マ（間）

の転で、砂質の原野を示すと思われる。

足立区鹿浜《しかはま》や栃木県真岡市鹿《しか》などもスカの転でいずれも砂礫質の土地を示す。

スカ地名はほかに福島県須賀川《すかがわ》市、栃木県大田原市浅香《あさか》、埼玉県春日部《かすかべ》市、嵐山《らんざん》町志賀《しが》、神奈川県横須賀市、奈良県明日香村飛鳥、金印出土の地で有名な福岡県東区志賀島《しかのしま》などがある。

無《なし》は有《あり》なのだ

亀有《かめあり》（葛飾区）

亀有は元来亀無《かめなし》といったが、江戸時代初期に幕府が江戸の絵図を作るときに縁起を担いで無を有にした。

亀の背中のような土地に由来するという俗説があるが、亀無はカム（噛）・ナシ（成）の転で、河川が侵食した地形を示す。亀もまた、鋭い歯で噛《か》む動物であるからそう名づけられたのだ。

栃木県高根沢町亀梨《かめなし》や千葉県印西《いんざい》市亀成《かめなり》は崩れやすい丘陵斜面を示す。

江東区亀戸《かめいど》もカム（噛）・ト（所）が音便化したもので、亀ヶ井とかいう古い井戸や亀に似た地形に由来する地名ではない。

無が有の例では、北区王子の音無親水公園《おとなし》があり、そこでは音がしないのではなく、石神井川が大きな音を成して流れることを示す地名で、岐阜県恵那市にある花無山《はななし》は見事な鼻の形をしており、鼻成山を好字にしたものだ。

日ごろ使い込んでいる生活道具を地名にすることはない
砧《きぬた》（世田谷区）

古代に多摩川のほとりに拠《よ》った渡来人が、朝廷に納める調の布を砧でたたいて晒《なめ》した場所を示すという俗説がある。

桶《おけ》や蓑《みの》、臼《うす》などの生活用具がそのまま地名になることはなく、はじめにあった地名の発音に似た名前の生活道具を地名表記に利用したのだ。

ケ・ノ・ト（所）か、キ（接頭語）・ヌ（沼）・ト（所）の転で、多摩川沿岸の荒地か湿地を示す。

ケ地名である古代の毛野国《けぬ》は、東夷《あずまえびす》の割拠する北関東の原野を意味するが、後に上ツ毛野《かみつけぬ》と下ツ毛野《しもつけぬ》に二分され、それがやがて上野国《こうずけのくに》（群馬県）と下野国《しもつけのくに》（栃木県）になった。

毛は農作物を意味すると考えて、毛野国が豊かな農耕地帯であったとする説もあるが、北関東の浅間山から那須岳へとつづく火山性土壌の多い土地で農作物が豊富に収穫できたとは考えにくく、荒地を示すケをあえて毛の字にして農耕地を思わせたと考えられる。

数字地名はその数に惑わされてはいけない
九段坂《くだんざか》（千代田区）

この坂に長屋が九段に建っていたとか、土止《どどめ》を横に九段つくっていたことに由来するという俗説がある。

これは、江戸末期に発行された『江戸名所図会』に九つの段のようなものが描かれていることによるのだが、おそらくこの絵は以前からあった九段という地名にあわせて描かれたものと考えられる。

地下鉄九段下駅から田安門に上る段々の多い坂には、正確に九つの段があったわけではなく、九は単に数の多いことを示すと同時に、クの音韻には険しさや苦しさにつながる命名心理がはたらいていると考えられる。

群馬県上野村の十石峠や青森県の十三湖、長野県の中央に位置する八島ヶ原湿原など、多くの数量地名はその数で解釈してはいけない。

馬や牛は地名に残したい身近な動物なのだ

駒込《こまごめ》（豊島区）

日本武尊が東征してきた折に、ここに集結した味方の軍勢を見て「駒込《こまこみ》たり」といったことによるという地名伝説や、このあたりの草原に駒が多く群がっている様子を示した地名だという俗説がある。

コマは、細《こま》かいとか、コマゴマしていることを示し、コメは込めるとか籠《こ》もるという意味だから、駒込は狭く入り込んだ谷を示す。

茨城県古河《こが》市駒込《こまごめ》が丘陵地帯の谷にコマゴマ入り込んでいるように、駒込は関東地方のいたるところにある地名で、台地や丘陵を刻んだ谷に多く、茨城県常総市大生郷《おおのごう》町駒込、つくば市駒込、栃木県市貝町駒込、千葉県旭市駒込、香取市下飯田駒込などがある。

牛込《うしごめ》も駄獣運送に関する牛宿、牛車などや、牛を追い込んだ場所に由来するのではなく、ウチ（内）・コメ（込）が訛ったもので、駒込と同じく入り組んだ谷間の地形を示す。

新宿区牛込や茨城県美浦村牛込、千葉県木更津市牛込、白子《しらこ》町牛込などがある。

栃木県日光市足尾町内の籠《うちのこもり》は渡良瀬川の支流の小さな谷に籠《こ》もるようにしてある。

また、大田区馬込《まごめ》のように全国各地にあるマゴメ地名も馬の放牧地に由来するのではなく、コマゴメの転じたものかマ（間）・コメ（込）を示す。

茨城県ひたちなか市佐和孫目、群馬県中之条町馬込、沼田市北馬込、埼玉県さいたま市岩槻区馬込、蓮田市馬込、千葉県船橋市馬込町、山梨県中央市馬籠、岐阜県中津川市馬籠などがある。

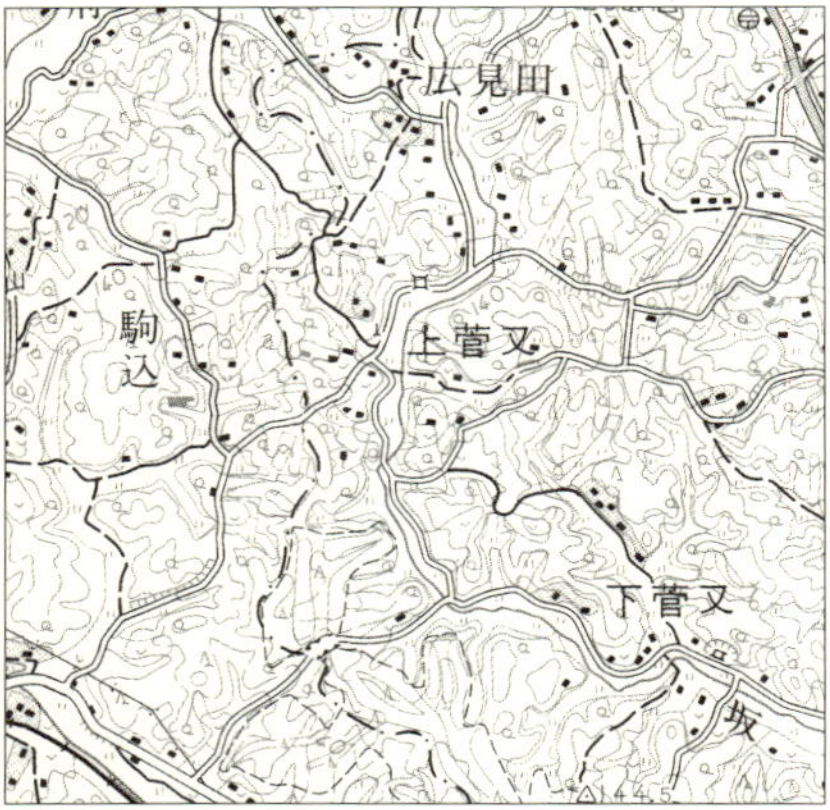

栃木県市貝町駒込、茂木町下菅又

埼玉県蓮田市馬込

馬のいる場所で決まりというわけにはいかない

駒場《こまば》（目黒区）

江戸時代に将軍家の鷹狩り場があり、狩に利用する馬を繋いでおく場所にちなむという説があるが、東日本にあるほとんどの駒場地名が地形由来であることからすると、目黒の駒場も駒込に通じる地形で、入り込んだ谷を示すと考えられる。

岩手県奥州市衣川区駒場、茨城県笠間市上郷《かみごう》駒場、取手市駒場、千葉県南房総市和田町駒場、山梨県南アルプス市駒場なども入り込んだ谷間を示す。

馬にまつわる地名はその由来が明確で、古来馬の放牧地を牧《まき》といい、武蔵国の古記録によると、八王子市の石川牧や立川市の立野牧、あきる野市の小川牧などが見えるが、そこには駒や馬の地名はない。

馬にちなんだ地名では、古代の官道に設けられた駅家《うまや》の推定地に駒場がある。東山道では、栃木県栃木市岩舟町駒場（下野国三鴨駅）、長野県阿智村駒場（信濃国阿智駅）、岐阜県中津川市駒場（美濃国坂本駅）などがある。

栃木県足利市駒場町は東山道足利駅と三鴨駅の中間にあるが、官道沿いであることから伝馬や駅馬《はゆま》に関係する地名とも考えられる。

北海道函館市駒場町は競馬場の場所そのものの地名であり、北海道音更町駒場はかつてあった種馬の牧場にちなんだ地名である。

日本人は、コマという音に対しては必ずといっていいほど駒の字をあてたがるが、昔の人がそれほど馬と深くかかわった生活をしてきたということだ。

現代人は、馬といえば競走馬か馬刺しくらいしか思い浮かばないが、馬は大陸から渡来して以来、人間以上に大切にされてきた歴史があり、人々がどうしても地名に残したい気持ちが良くわかる。

戦乱時には軍馬として勇敢に戦い、平時は荷役や農作業にけなげに耐え、交通手段としてもよく働いた。東北の「曲屋《まがりや》」を待つまでもなく、昭和三十年代ごろまでの農村では、玄関を入るとすぐ脇に厩《うまや》がある家が多く、馬は家族の一員として扱われていたのである。

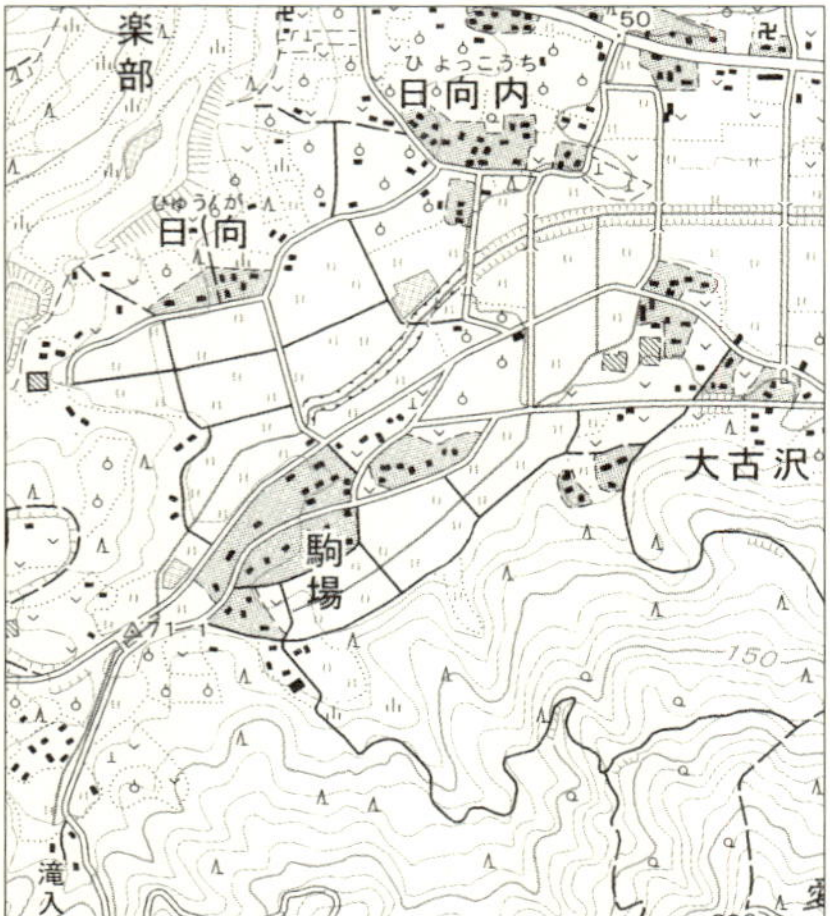

茨城県笠間市駒場

品川などという川が本当にあったのだろうか

品川《しながわ》（品川区）

シナ（階）・ガワ（側）で、東京湾の海岸部や目黒川沿岸の平地に対して高輪台地側の高所を示し、同じシナ地名の千葉県千葉市若葉区高品《たかしな》町や神奈川県横浜市戸塚区品濃《しなの》町も丘陵を示した地名だ。中世には武蔵国荏原《えばら》郡品川郷の名があることから、古くからシナガワという地名があったと考えられる。

目黒川の古名の品川から名づけられたという説は、川の名前と地名が本末転倒している。

川の名は石狩川、相模川、信濃川、筑後川など、そこを流れる地域の名前からとることが普通で、岐阜県を流れる長良川は、上流を郡上川、中流は藍見《あいみ》川や長良川、下流は墨俣《すのまた》川とそれぞれの地域名で呼んでいた。

東京都荒川区や江戸川区、青森県平川市、和歌山県紀《き》の川市、徳島県吉野川市など川の名を地名としたのは近現代になってからのことである。

品川が川の名に由来する地名ではないことに気づきながらも、港区高輪《たかなわ》に対して品良き場所を示す品ケ輪《しながわ》に求めるのはやや付会気味の説である。

【コラム③　川と地名】

川のつく地名は、一定の地域を示す「側」を意味することが多い。

長野県阿智《あち》村横川《よこかわ》は、山麓斜面の横側《よこがわ》にある集落を示し、ここを流れる川を横川川《よこかわがわ》というが、このように川でない川地名を示す川は、ほかに高知県土佐町伊勢川川など各地にある。

岐阜県美濃市蕨生《わらび》には山間の小川を挟んで東川と西川という集落があるが、川が三本あるわけではなく、ここも小川の東側と西側という意味である。

宮城県南三陸町志津川《しづがわ》には八幡川が流れているが、シヅとは湧き水の清水《しみず》を示し、志津川は山側の湧き水地帯のことである。

早月川と上市川に挟まれた富山県滑川《なめりかわ》市にも滑川という川はなく、前川沿岸の山形県米沢市大沢滑川《なめがわ》と同じく、滑らかな側を示す地名と考えられる。

川に由来しない著名な川地名としては、埼玉県桶川《おけがわ》市、千葉県市川市、群馬県渋川市、新潟県糸魚川市、福岡県柳川市などがある。

里人がスママトといったのに役人が嶋俣《しままた》と書いてしまったのかも

柴又《しばまた》（葛飾区）

正倉院文書の『下総国葛飾郡大嶋郷戸籍』に「嶋俣里」が見え、後に嶋俣が柴亦、芝又などに転じながら今の柴又になったという。

嶋はデルタ地帯につくられた島状の地形で、俣は河川の合流点を示すという説は嶋や俣を漢字表記のまま解釈したもので疑問が残る。

スマ（洲間）・マ（間）・ト（所）の転で、砂質の土地を示し、スマがシバに変化した地名には、港区柴や埼玉県川越市中福柴間《しばま》、茨城県石岡市柴間、千葉県南房総市和田町柴、富山県滑川市柴などがある。

スマ・トの転じた静岡県島田市《しまだ》、ス（洲）・ノ・マトが転じた岐阜県大垣市墨俣町《すのまた》も大井川や長良川沿岸の洲間の地形を示した地名と考えられる。

埼玉県加須市上三俣《みつまた》、下三俣は、ミ（水）・ト（所）・マトの転で、寺沼、深沼などに挟まれた低湿地を示す。

静岡県川根本町の寸又峡《すまた》はセ（狭）・マ（間）・ト（所）の転で大井川の峡谷を示す。寸又峡の主邑を大間《おおま》といい、その名の通り大井川の旧河川跡にある山間地の広い谷間だ。

栃木県茂木《もてぎ》町上菅又《すがまた》、下菅又はス（洲）カ（処）・マトの転で、底の平らな狭い谷地になっている。

マト地名には、栃木県那須町芦ノ又、日光市野路又《のじまた》、新潟県小千谷市池之又、静岡県下田市間戸《まど》ヶ浜、長野県飯田市時又などがある。

川の合流点にある地名の多くは、又ではなく川合、渡《ど》、和合《わごう》、落合などが多い。

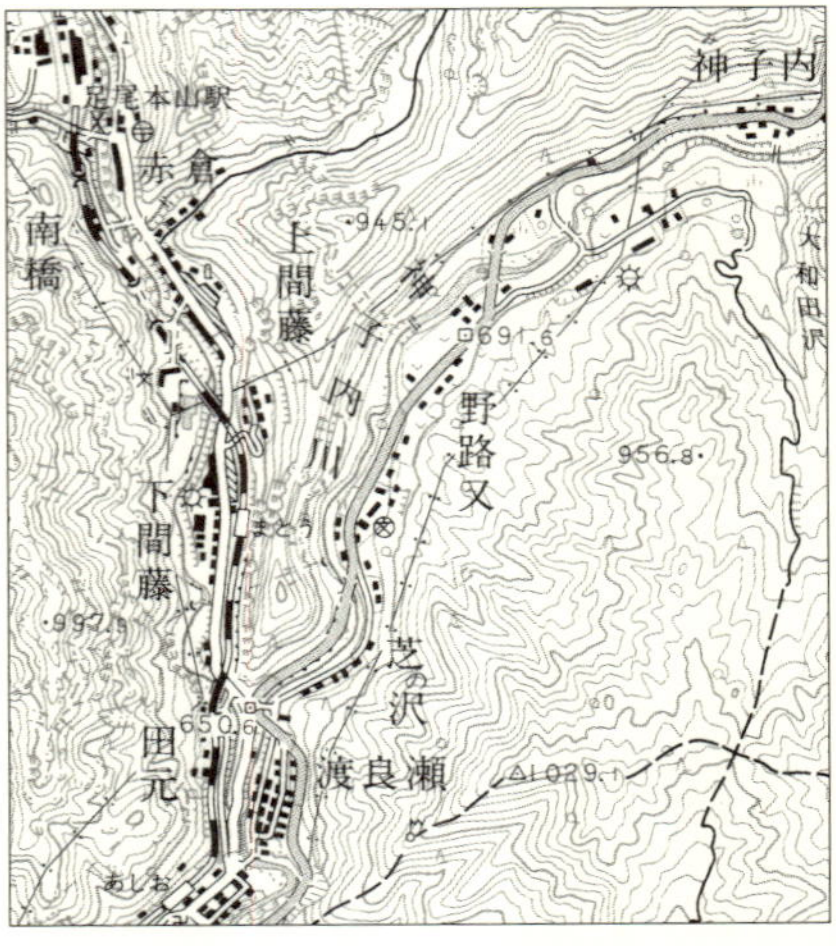

栃木県日光市野路又

しぼんだ谷かジブジブの谷か
渋谷《しぶや》（渋谷区）

鎌倉時代には、この付近に海から塩が入ってきたことを示す塩谷《しおや》といっていたが、それが訛って渋谷となったという俗説がある。

塩谷は塩起源ではなく萎《しぼ》んだように見える谷を示すシボ（萎）・ヤ（谷）が変化し

たとの考えが有力だが、周囲の台地からの湧き水によってジブジブになった湿地に由来するとも考えられる。

葛飾区渋江は、萎んだ谷にあるのではなく、綾瀬川と中川が合流するあたりの低湿地帯にある。

渋谷と同じような地形には、千葉県袖ケ浦市渋田《しぼた》、いすみ市渋田《しぶた》、神奈川県大和市渋谷、秦野市渋沢などがある。

城《しろ》があるのにシロガネーゼとはよくいったものだ 白金《しろかね》（港区）

白金には、かつてここに居拠した白金長者に由来するという地名伝説がある。

シロカネはシロ（城）・ガ・ネ（峰）の転で、ネとは畝《うね》や棟《むね》、尾根、富士の高嶺《たかね》のように周囲より高い部分のことだ。

各地に見られる城ケ根地名は、中世の城や砦のある小山や丘陵につけられた地名で、その麓《ふもと》の集落を豪族屋敷村という。

港区白金台にある国立自然教育園には豪族の館があったとされ、今も土塁が残っている。この豪族は十四世紀後半ころこの一帯を支配していた柳下上総之介ではないかといわれ、幾多の白銀を蓄えていたところから「白金長者」といわれるようになったという。

荏原台地に属する白金界隈は、江戸時代には白金原と呼ばれた原野であった。いつしか人は、この砦館のある高台を城ヶ根と呼び、縁起のよい白金という好字を用いたあとで、金持ち長者の伝説を流布させたのである。

皇居外濠から神楽坂を上り詰めると、牛込台地に新宿区白銀《しろがね》町がある。平安末から鎌倉時代にかけてこのあたりは秩父重継が支配していたといわれ、その砦か居城があったかもしれない。その後、太田道灌の江戸城が長禄元年（一四五七）に完成したが、谷を挟んで江戸城を支える役割の砦がこのあたりにあってもおかしくない。

さらに天文二十四年（一五五五）に上州の大胡氏がここに移り住み、牛込氏を名乗ったが、牛込袋町の光照寺境内にある土塁から、ここに牛込城があったという言い伝えもある。これらのことから牛込の白銀町も城ヶ根がその由来であると考えられる。

千葉県佐倉市白銀《しろがね》も中世の城館があったことを示す城ヶ根に由来し、隣接して千葉県酒々井《しすい》町本佐倉の本佐倉城やその向かいには向根古谷城がある。

愛知県瀬戸市城ヶ根《しろがね》町、岐阜県中津川市福岡城ヶ根にも中世の古城があった。

白金地名には横浜市南区白金《しろがね》町や名古屋市昭和区白金《しらかね》のように瑞祥地名もある。

地名には人々の日常生活を説明するような面倒くさいものはない

千駄木《せんだぎ》（文京区）

この付近の雑木林から千駄の薪を切り出したことによるという俗説がある。

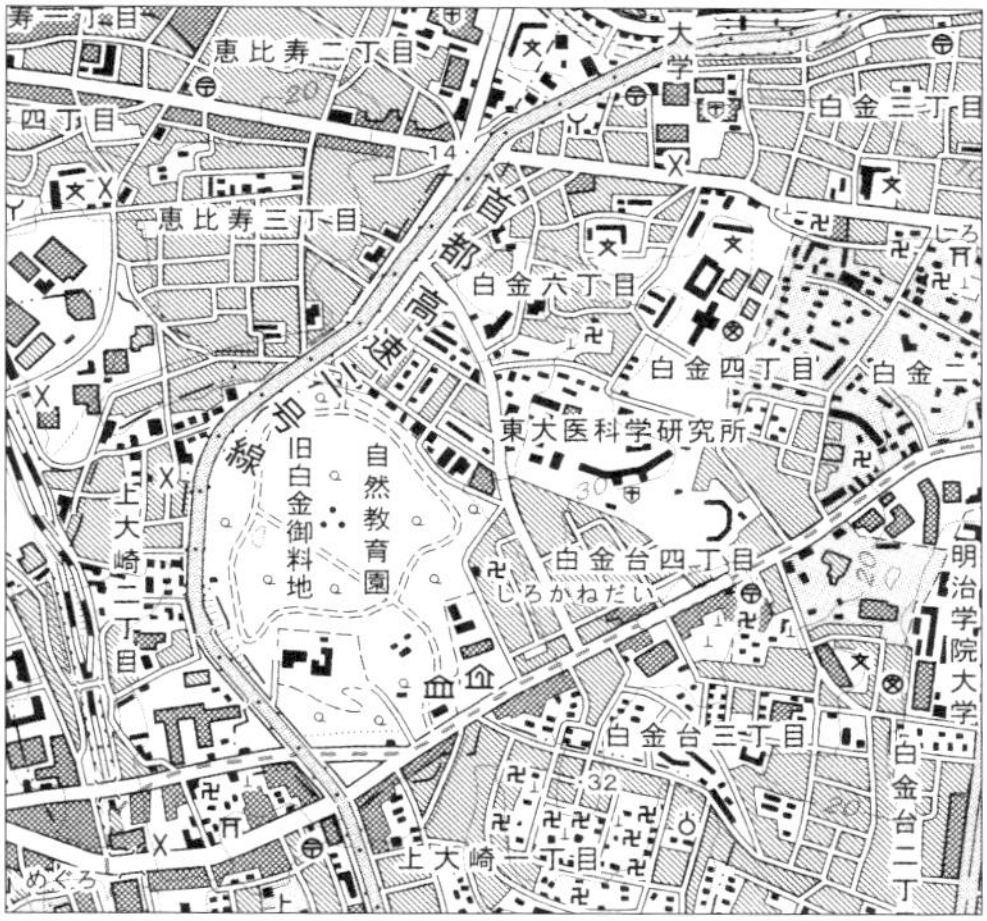

港区白金台

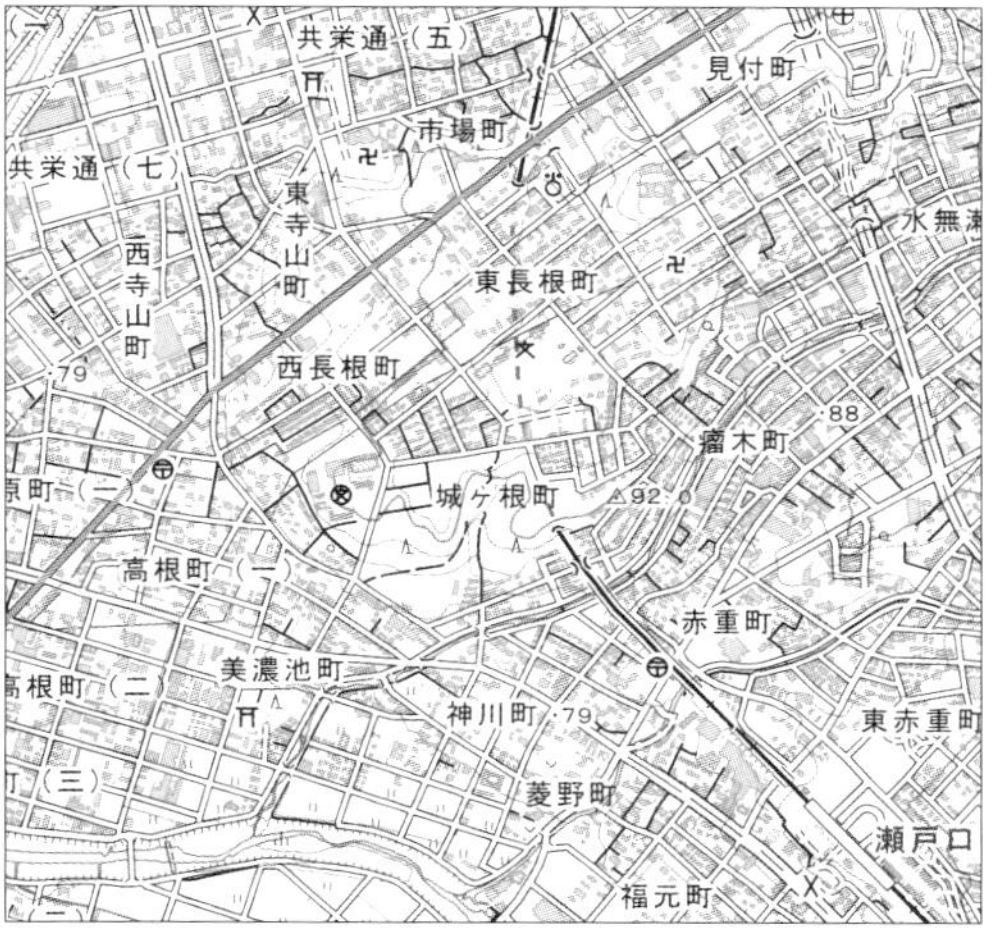

愛知県瀬戸市城ヶ根町

センダギはセ（狭）・タ（処）・ギ（接尾語）の音便化したもので、隣接する駒込《こまごめ》や谷中《やなか》と同じような地形名で、台地を切り裂いた狭い場所を表している。

ギは、渋谷区代々木や埼玉県戸田市美女木《びじょぎ》、島根県安来《やすぎ》市などと同じで場所をあらわす接尾語である。

狭い場所を示すセは音便化してセン（千）と表記されることが多く、渋谷区千駄ヶ谷《せんだがや》、豊島区千川《せんかわ》、埼玉県白岡市千駄野《せんだの》、千葉県市川市大町千駄木、静岡県川根本町千頭《せんず》などがある。

田の字が水田を示すことはあまりない
高田馬場《たかだのばば》（新宿区）

高田は徳川家康の側室である高田の君に由来するという説があるが、神田川を挟んだ対岸の豊島区高田や西の中野区上高田などと同じで、台地を示すタカ（高）・ド（所）が転じたもので、神田川右岸の高所に江戸時代には馬の調練場があったことを示す。

「田」のつく地名のほとんどはト（所・処）の転で、猛々《たけだけ》しい地形の場所は武田、岩石の多い所は磯田、平らなところは平田、湿地は沼田などという。

各地の馬場をみると、城下町に見られる馬場町を除けば、一般的には馬とは関係がなく、おおむね地形を示す地名である。

ババはママ（断）の転でマバやハバなどに変化しているが、いずれも断崖や急傾斜地を示し、河岸段丘崖や台地の縁に名づけられていることが多い。

千葉県市川市真間《まま》は、万葉集に、高橋の虫麻呂の歌について、「勝鹿（葛飾）の真間《まま》の娘子を詠める歌」とあるその故地である。

神奈川県大井町馬場《ばっば》は酒匂川の平野に落ちる丘陵の急な崖地にある。

茨城県常陸大宮市間々、群馬県みどり市大間々、埼玉県熊谷市間々田、千葉県いすみ市馬場《ばっば》、愛知県小牧市間々など。

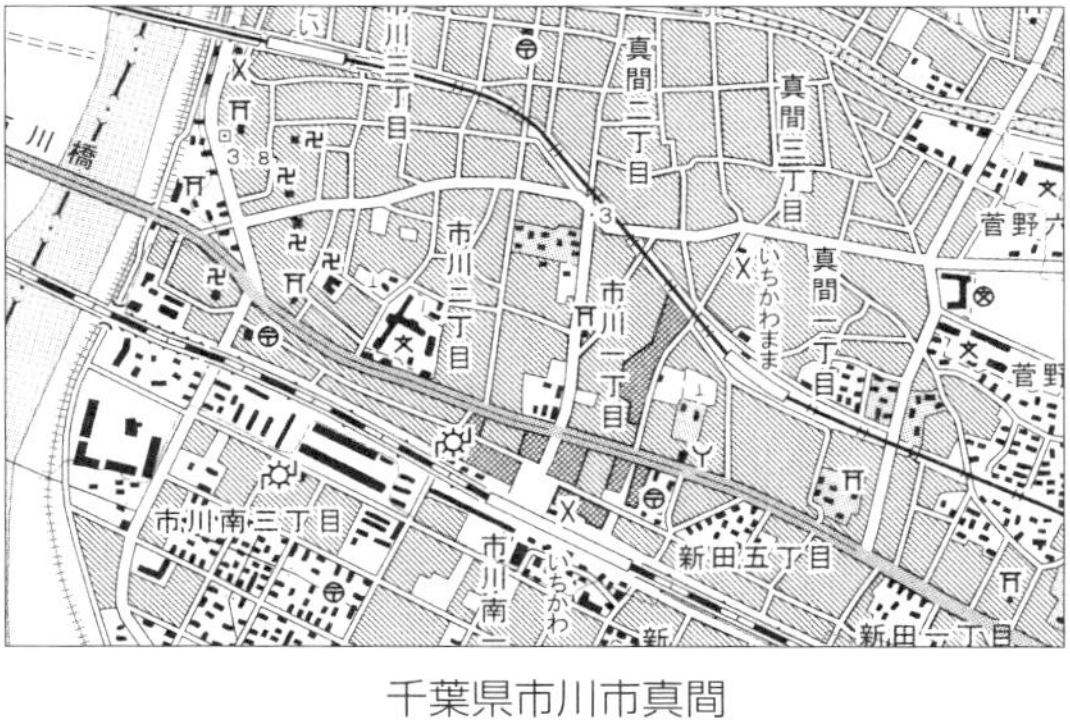

千葉県市川市真間

お茶屋は茶屋坂という名を残したが、団子屋は坂に名を残さない

団子坂《だんござか》（文京区）

『御府内備考』によると、千駄木坂や潮見坂と呼ばれたこの坂は、ここにあった団

子を売る茶店にちなんで俗に団子坂と呼ぶようになったとあるが、その茶店を地名由来にするなら、茶屋坂か団子屋坂と呼ぶはずである。

むしろ、遊び心旺盛な千駄木の団子屋が、すでにあった団子坂という地名にあやかって茶屋で団子を売っていたのではないかと考えられる。

また、千駄木の団子坂と同じように、新宿区若松町と河田町の境にある団子坂など各地の団子坂には、急坂なので人がよく団子のように転がったことに由来するという滑稽な俗説がある。

ダンゴ坂とは、ダン（段）・コ（処）のある坂という意味で、全国にある団子や談合の地名がほとんど坂や峠の地形名であることがそれを示している。

山梨県上野原市大野談合《だんごう》坂はダンコ坂の転じた地名で、山間地の斜面にある小さな集落だ。戦国武将たちによる談合がここで行われたという荒唐無稽な地名伝説があるが、いうまでもなく談合坂という地名があっての作り話だ。

山手線日暮里駅から谷中銀座商店街へ降りる所に「夕やけだんだん」という石段の坂があるが、これほど親しみやすい坂道の名前は他にない。段処のある坂はやはり「だんだん」というネーミングが一番良く似合う。

埼玉県秩父市の「だんご坂」は、秩父宵祭りのクライマックスを演出する坂だが、あえてひらがな表記であることで団子など連想しなくてよくとても好感が持てる。

北海道小樽市団子坂、青森県三戸町斗内団子坂、秋田県にかほ市平沢団子坂、埼玉県小鹿野町の団子坂峠、山口県山陽小野田市の談合峠、新潟県と福島県境の越後山地の尾根にある談合峰、香川県高松市の談古嶺《だんこれい》など。

なお、坂以外の団子地名には団子の形を連想した団子森、団子山、団子塚、団子石などの地名がある。

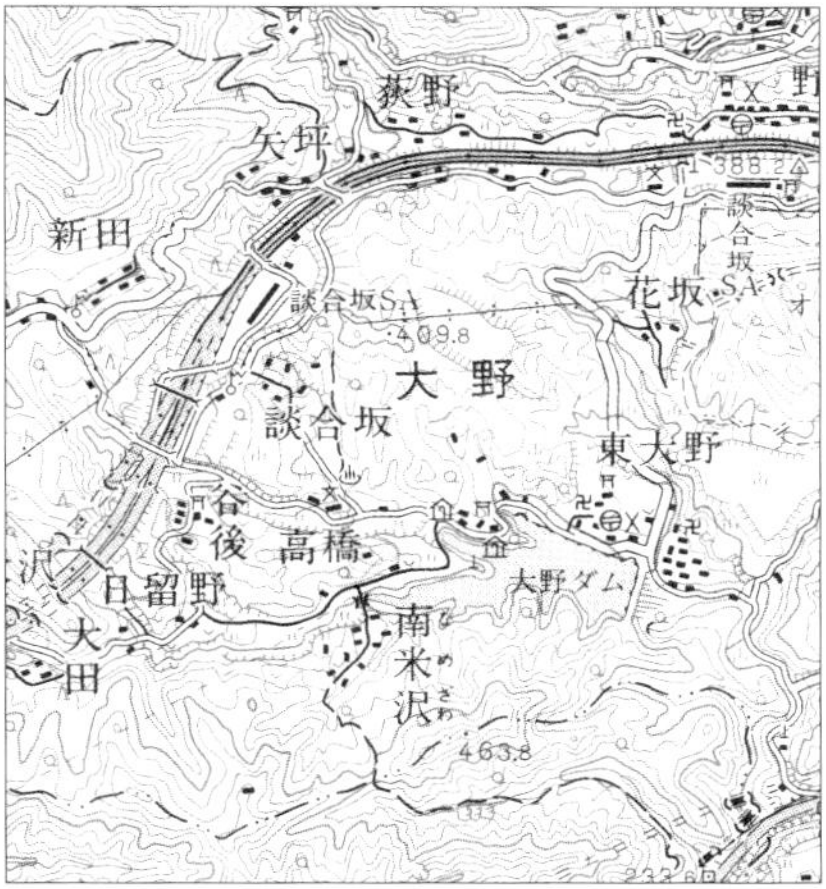

山梨県上野原市談合坂

夕やけだんだん（荒川区）

【コラム④　坂と地名】

スルスル、サラサラというようにサ行で始まる言葉は滑りやすいことを示すから、サ・カ（処）は滑りやすい斜面のことだ。

古代の坂は峠を示し、長野県と岐阜県境にある神坂《みさか》峠もかつては科野《しなの》坂とか神御坂《かみのみさか》といっていた。

各地にあるミサカは、ミ（接頭語）・サカ（坂）で、三坂、美坂、御坂などの表記があるが、いずれも都に向かう重要な交通路の峠に見られる。

長崎県の対馬《つしま》には念仏坂、十六曲《じゅうろくまがり》坂、双六坂、堂坂などがあり、この島の多くの峠を坂と称している。

新宿区の成子《なるこ》坂は鳴子《なるこ》坂ともいわれ、青梅街道が神田川に架かる淀橋まで続くゆるい坂道で、街道沿いの酒屋の門の鳴子にちなむとか、鳥獣の害から農作を守るために鳴らす鳴子に由来するなどの俗説がある。

ナルコはナル（緩）・コ（処）で、成子坂はまさになだらかな斜面を示している。

名古屋市緑区鳴海《なるみ》もナル・ミ（接尾語）で、なだらかな丘陵を示す地名だが、そこには成海《なるみ》神社がある。

国立市の富士見台に登る仮屋《かりや》坂の由来について『江戸名所図会』では、建治二年（一二七六）に、谷保天満宮に扁額を奉納する勅使が仮の宿を設けたことからこのあたりを仮屋上といい、ここに上る坂を仮屋坂と呼ぶようになったとある。しかし、江戸時代からはるか数百年も昔の出来事の記述が真実とは思われず、やはり漢字表記にあわせてつくった地名伝説と考えられる。

カリ（刈）・ヤ（谷）坂は、ばっさりと切り落としたような急斜面にある坂を示す。

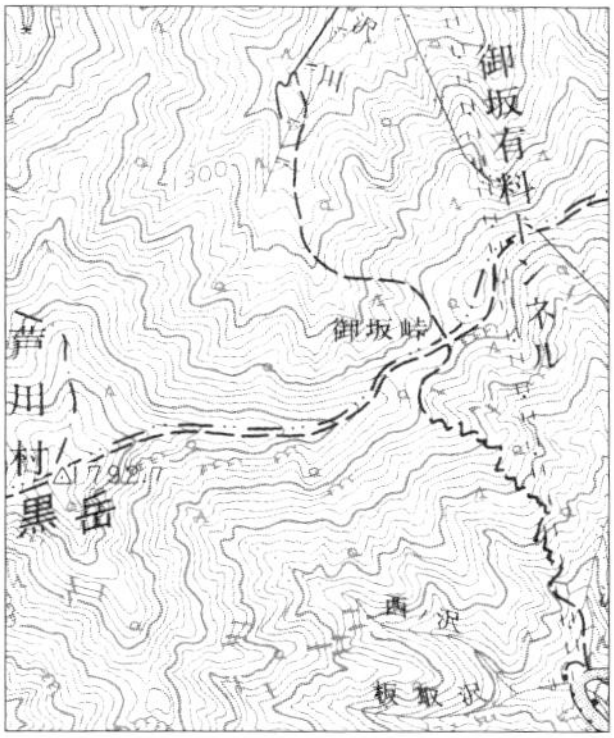

山梨県御坂峠

新宿区成子坂

ツク地名は土木工事をほどこした場所なのか

津久戸《つくど》（新宿区）

浅草神社、根津神社など由緒ある神社の名前は鎮座する地名からとったものが多く、津久戸明神も津久戸町に由来する。

津久戸町の西には築土八幡《つくどはちまん》町、築地《つきじ》町があるが、かつてはこのあたりを筑土山《つくど》といっており、語源はツク（衝）・ド（所）で、突き上げるような急崖のある場所を示すが、各地のツク（築）地名には土木工事が行われたところが多い。

埋立地を示すツク地名には、中央区築地《つきじ》や月島《つきしま》、佃《つくだ》、名古屋市港区築地町や瑞穂区佃町、大阪市西淀川区佃、神戸市兵庫区築地町などがある。

弓弦を巻いておく道具の輪は地名にはならない

弦巻《つるまき》（世田谷区）

源義家がここで弓弦をはずしたとか、家康がこの地を攻めた折、小田原北条氏の兵士が弦を巻いて降参したことによるという地名伝説がある。

弦巻はツル・マ（間）・キ（接尾語）で、駒沢と世田谷という沢や谷の間にあるヅ

ルヅルした湿地帯を示す。（第2章、「鶴間」を参照）
栃木県栃木市にある小さな山の富士山周辺には、鶴巻、和泉、静《しずか》など、いずれも湧水や湿地を示す地名がある。
ツルはツルリと長いものも表現し、弦、蔓《つる》、首の長い鶴などの名前になり、それを地名の漢字にすることが多い。
新宿区早稲田鶴巻《つるまき》町、多摩市鶴牧《つるまき》、稲城市鶴巻、神奈川県秦野市鶴巻など。

ハタ・ホド地名は股座《またぐら》を連想したもの 幡ケ谷《はたがや》（渋谷区）

源義家がここで戦旗を洗ったとか、源頼家が源氏の白旗を洗った「旗洗いの池」に由来するという地名伝説がある。

しかし、幡は仏様の威徳を示すために寺の境内や本堂の中に立てる御飾りのことで、標識や儀礼に使う普通の旗とは違う。

ハタガヤは、ホド（秀処）・ガ・ヤ（谷）の転で、ホドの語源は体のもっとも注目すべき部分を示す人の股座のような谷を示す。

東京都日野市程久保《ほどくぼ》、栃木県栃木市程久保、足利市程窪、群馬県片品村幡谷《はたや》、茨城

県小美玉《おみたま》市幡谷《はたや》、埼玉県鳩ケ谷《はとがや》市、神奈川県厚木市旗谷《はたや》、横浜市保土ヶ谷《ほどがや》区保土ヶ谷町なども同じホドの地形を示す。

風光明媚な坂だったが地名は景色とは関係ない
八景坂《はっけいざか》（大田区）

東京湾の眺めがいい坂なので八景としたという俗説があるが、八景坂は急斜面の崩壊地形を示すハケ坂の転で、大森駅前の池上通りにある急な坂道だ。

柳田国男は『地名の研究』で「谷川の両岸の狭まっている所をホキ・ホケ・ハケという」と述べている。崩《ほう》けるや吐《は》けるという言葉が語源と思われるが、巷にもっとも流布している地名に徳島県三好市の大歩危《おおぼけ》や小歩危《こぼけ》がある。

ホキ・ホケ・ハケなどは谷川の崩壊地だけでなく、急斜面や崖地の危険箇所を知らせる言葉で、人が初めてつけた最も始原的な地名といえる。

全国的に見られる地名ではホキ・ホケ・ハケからボキ・ボケ・バカ・ハゲ・ハキ・ワキなどに変化し、保木・歩岐・歩危・祝・崩・禿・脇・馬鹿などの表記が見られる。

八景坂は別名「やげん坂」ともいわれるが、台地に登る斜面を堀割った谷の形が薬研《やげん》（薬剤破砕用器具）に似ていたことに由来するという説や、雨上がりの坂の土の色が赤銅色の薬罐の色に見えたとか、狐の異称の野干《やかん》がこのあたりに出没したことによるなどの俗説がある。

　地名は生活用具に漢字の名がつけられる以前からあり、例えば鍋や鎌のつく地名は、ナメらかとかカムところというような言葉からきたもので、薬研も先にあった地名のハケが転じたヤケイが音便化して、ヤゲンやヤカンになったと考えられる。

　文京区目白台の薬罐（夜間）坂、小日向の薬罐坂、杉並区上荻の薬罐坂、千葉県佐倉市やかん坂などにはさまざまな地名伝説や俗説があるが、これらがすべて坂の地名であることがハケ地形に由来することを示している。

大田区八景坂

徳島県三好市安《あ》瀬《ぜ》地《ち》歩危

初は瑞祥漢字として用いられたものだ

初台《はつだい》（渋谷区）

徳川秀忠の乳母である初台の局《つぼね》が、代々木に二〇〇石の領地を与えられたことによるとか、ここに自分の菩提寺を建立したことによるなどの説があるが、それならば局の名をなぜ初台というのだろうか。

太田道灌がここに初めて築いた一の砦（狼煙台）に由来する、という説も根強くあることからすると局説にも疑問が残る。

代々木台地から延びた初台台地が削られた地形を示すハツ（削）・ダイ（台）の転と考えられる。

ヒビは皹《ひび》に見える地形そのもの

日比谷《ひびや》（千代田区）

ヒビは皹《ひび》の入ったような地形を示し、かつて東京湾にあった狭い日比谷入江に注ぐ小さな谷の地形を示したものだ。

愛知県名古屋市熱田区比々野《ひびの》町も伊勢湾に臨む旧東海道

渋谷区初台

の七里の渡しに近く、往時は狭い入り江であったと考えられる。

海苔《のり》や牡蠣《かき》を付着させるために、干潟や浅瀬に枝の付いた竹や木の枝を刺した篊《ひび》にヒビの語源を求める説は、ヒビ地名が陸上にも多いことから従えない。

所沢市日比田《ひびた》は武蔵野の台地上にあり、海岸部にある岡山県玉野市日比や広島県尾道市日比崎《ひびざき》町なども地形地名だ。

いくらなんでも多摩川の入り江にあった橋ではあるまい

船橋《ふなばし》（世田谷区）

かつて曲流していた多摩川の入り江か、そこにあった大池にかけた舟橋（小船を横に繋《つな》いで並べ、その上に板を敷いた橋）に由来する説があるが、ウネ（畝）・ハシ（端）の転で、尾根のように伸びた丘陵の端を示すと考えられる。

神奈川県横浜市港北区日吉本町船橋《ふなばし》も地形由来の地名で、そのあたりは矢上川と早渕川に挟まれた丘陵になっており、付近には地形にふさわしい東根、西根などの地名がある。

千葉県船橋市は、海老川に架かる舟橋にちなむということが通説になっているが、中世には船橋（夏見）御厨《みくりや》という荘園の名もあり、やはり橋が架かる前からあった地形に由来する地名と考えられる。

本郷台地で湯が出るわけがない
湯島《ゆしま》（文京区）

古くは湯井《ゆい》島といった湯島は、地形的には本郷台地の東端にあたる。かつて上野の不忍池あたりまで東京湾が侵入していたが、このあたりに島があり、湯島天神あたりから湯が湧いていたことによるという俗説があるが、狭い湾内に島があったとは思えないし、本郷台地で温泉が出るわけがない。

ユはゆゆしいということばに語源があり、程度がはなはだしく不吉で恐ろしいというような意味だ。シマは一定の場所や区画の意味なので、湯島は本郷台地の端にある険しくゆゆしい崖のある場所を示す。

湯島聖堂のすぐ東にある別名を団子坂という昌平《しょうへい》坂は急な坂で、台地から上野方面に下る切通坂、中坂、三組《みくみ》坂なども急坂になっている。

愛知県新城市湯島は、豊川の上流にあり、峡谷の急斜面の集落だ。岩手県一関市花泉町油島《ゆしま》も同類の地形地名で、山梨県早川町上湯島、下湯島は早川の険しい峡谷にある。

熊本県上天草市大矢野町の湯島は、島原湾に浮かぶ正真正銘の離島だが、温泉などとは一切関係ない。かつては談合《だんご》島と呼んでいたが、海岸部には平地が少なく、斜面にへばりつくようにして集落と耕地があり、急な段々坂が多い島がゆえに段処《だんこ》島といっていたものが談合島に転じたのだ。

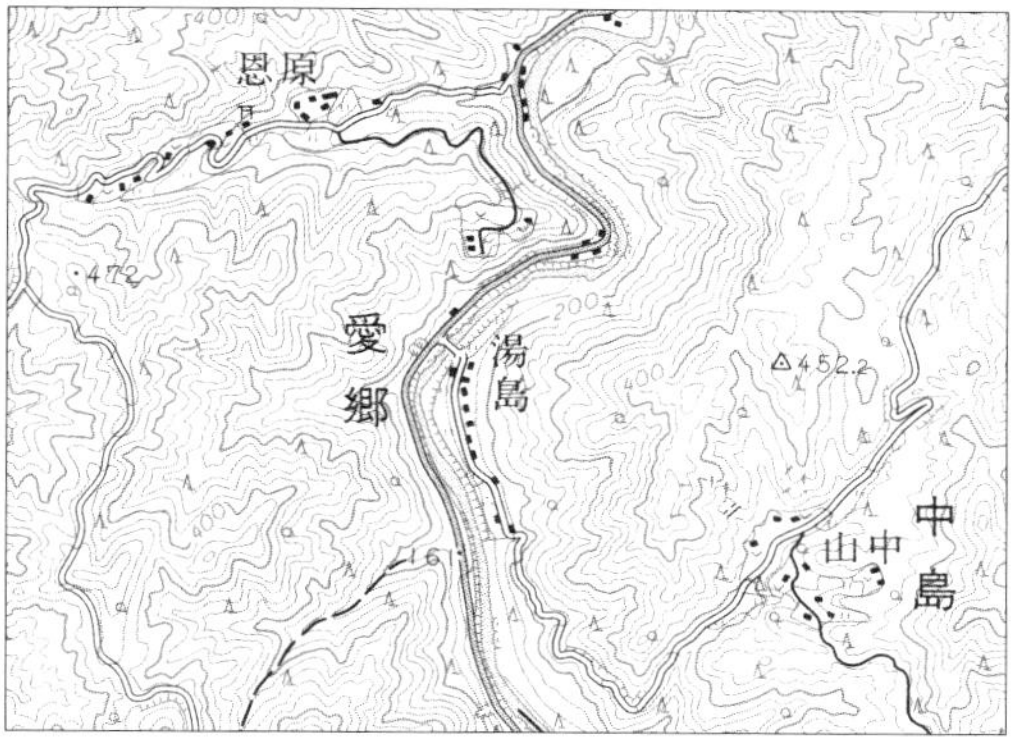

愛知県新城市湯島

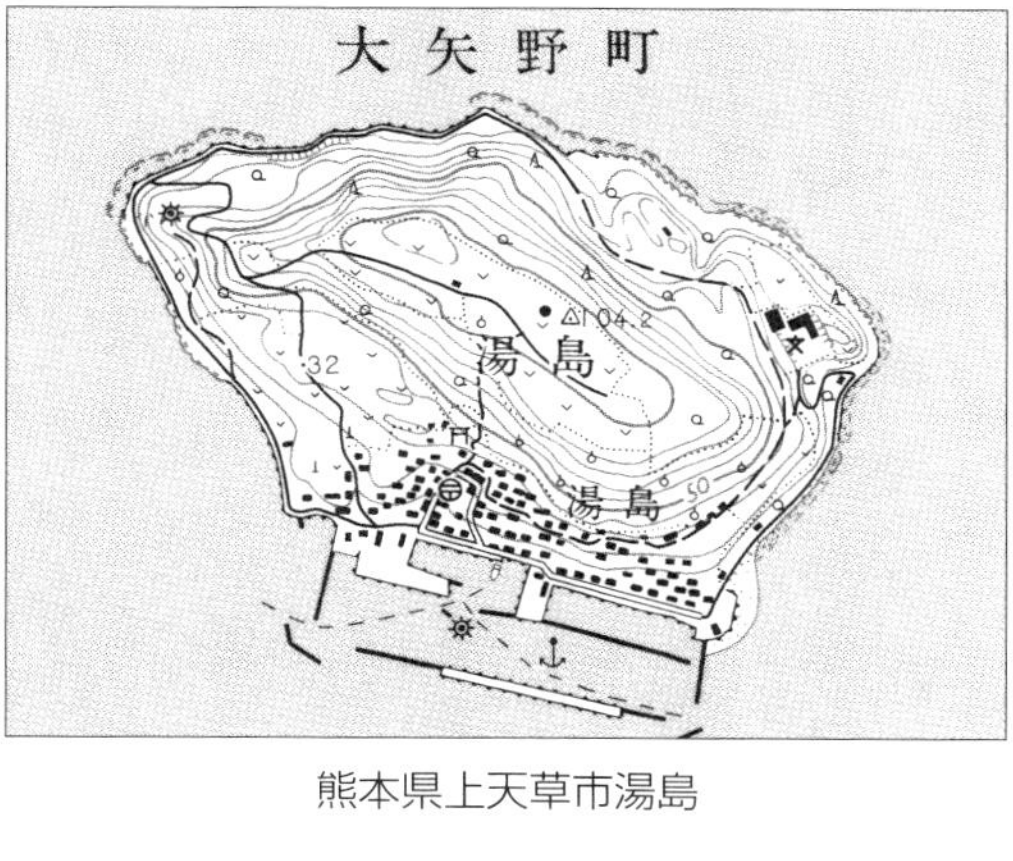

熊本県上天草市湯島

早稲田は水田ではなく狭い谷だ

早稲田《わせだ》（新宿区）

早稲田町、早稲田鶴巻町、西早稲田などにみえる早稲田の地名由来は、稲の早稲種を栽培した水田を示すのではない。

ワセダはワサ・ト（所）の転で、ワサはワザ（裂）くを語源とし、神田川の刻んだ狭い谷を示した地名だ。

千葉県長南《ちょうなん》町早稲田谷《わせだやつ》は狭い谷地をそのまま示した地名で、大多喜町湯倉《ゆぐら》早稲田は、クラ地名の狭く険しい谷を示している。

青森県深浦町沢辺には早稲田川という短い川が日本海に注いでいる。その流域は水田はおろかまともな平地もなく、狭く入りくんだ谷を示している。

福島県いわき市泉町
早稲田

早稲田は栃木県茂木町鮎田早稲田、茨城県小美玉市川戸早稲田、青森県青森市鶴ヶ坂早稲田、福島県いわき市泉町早稲田、長野県阿南町早稲田、愛知県長久手市早稲田などと関東地方を中心に全国各地に多い地名である。

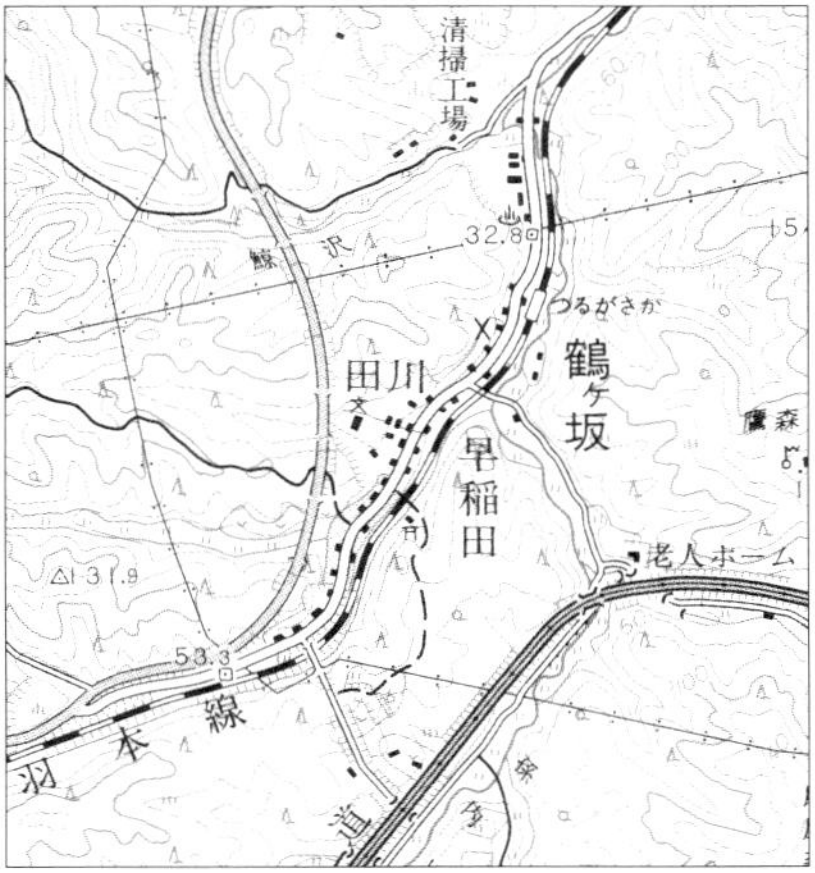

青森県青森市鶴ヶ坂
早稲田

第2章　東京都市町村編

青海原に浮かぶ島を示すのではない

青ヶ島《あおがしま》（青ヶ島村）

アオは、アバ（暴）ケルから転じたアボが訛ったもので、侵食地形や険しい崩壊性の崖を示す。

青ヶ島は周囲を五十〜二百五十メートルの急峻な断崖に囲まれた島だ。千葉県南房総市白浜町青木は海岸平野へ落ちる断崖を示し、飛騨から信州に抜ける安房《あぼう》峠も険しい山岳地帯にある。

アバはアビにも転じ、アバ・コ（処）の転じた千葉県我孫子《あびこ》市は、手賀沼の北岸にある台地の崖に由来する。

大阪市住吉区我孫子《あびこ》には険しい地形がないことから河川の侵食地か、漁労関係のアバ（網場）・コ（処）とも考えられる。

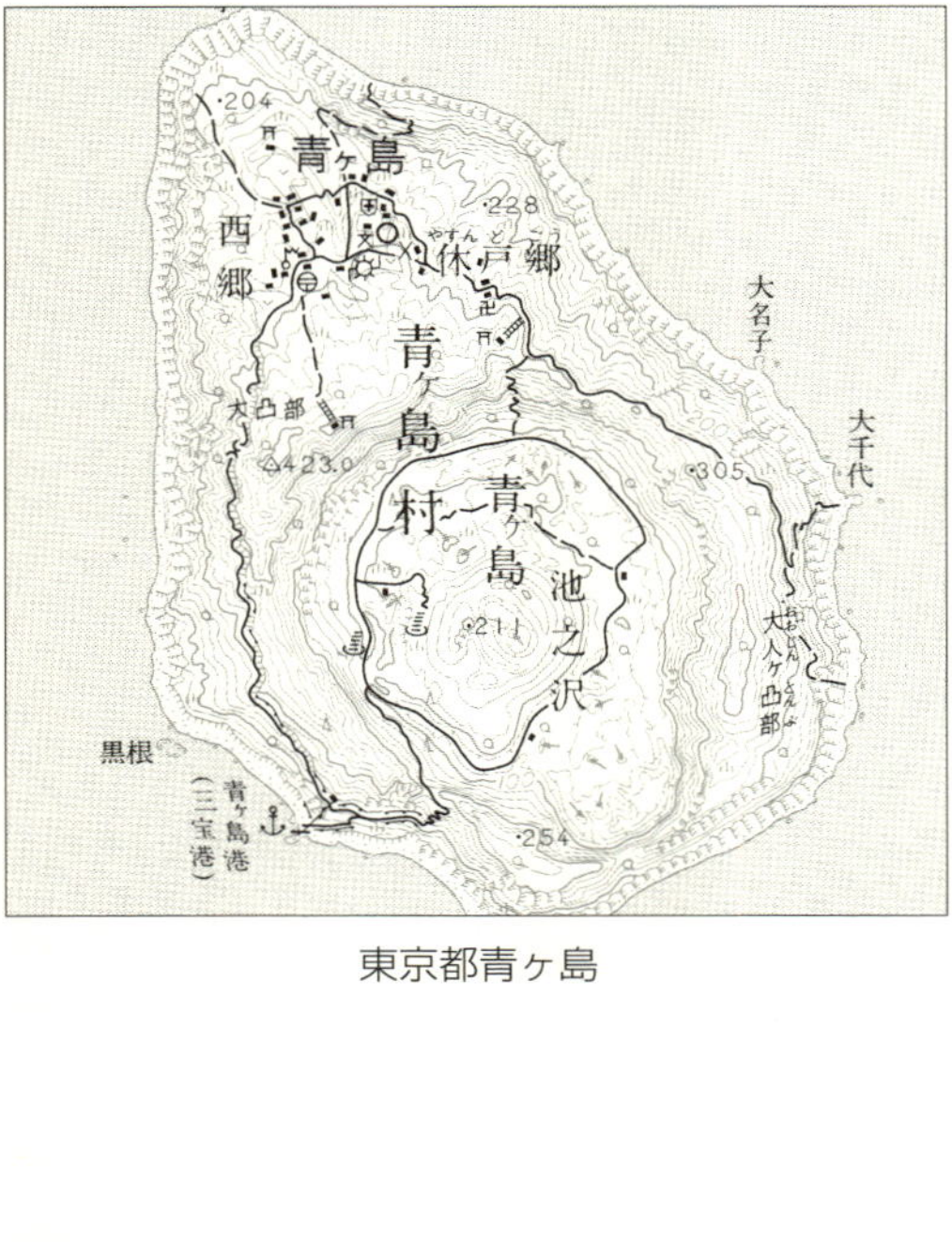

東京都青ヶ島

群馬県下仁田町青倉、埼玉県秩父市阿保《あぼ》町、長野県青木村などもアボ地名と考えられる。

一方、アオには地形とは関係のない霊域や死者の埋葬地を示す地名があり、福井県小浜市の蒼《あお》島、京都府伊根町の青島、鳥取県鳥取市の青島、宮崎県宮崎市の青島などの小島の名に多く見られる。また、これらの島以外でも、各地にみられる青海、青、青田、青山などの地名のなかには埋葬地に由来する地名もあると考えられる。

あきる野市の由来になった地名

秋留《あきる》（あきる野市）

秋留台公園の南に広がる秋留は古くは阿伎留《あきる》とも表記され、この一帯の広い地域を示していたと考えられ、あきる野市の由来にもなった地名だ。

アキ（開）・ル（接尾語）で、開けた場所という説があるが、アゲ（上）・ラ（場所を示す接尾語）が転じたアギルの転で、台地の上を示すと考えられる。

平井川と秋川に挟まれた台地状の平には、同じく高所を示すアゲ・ノ（野）が転じた阿岐野《あきの》やアマ（天）・マ（間）の転で雨間《あめま》などの地名がある。神奈川県南足柄市雨坪《あまつぼ》、岐阜県恵那市雨洗見《あまらみ》などの雨地名は、降る雨とは関係がなく高所を示す。

【コラム⑤　武蔵野】

旧国名をこれほどたくさんの地名に使っている地域は武蔵国をおいて他にはなく、こに暮らす人々の武蔵への愛着は人知れず強いものがある。

武蔵野は武蔵国の原野を示し、埼玉県川越市から東京都府中市の間とするのが一般的だが、おおむね多摩川以北、入間川と荒川あたりに至る漠然とした地域が考えられる。

武蔵の地名由来については、本居宣長や賀茂真淵をはじめ近世以降数多くの学者が諸説を展開しているが定説に至るものがなく、その謎めいた地名は人々のロマンをいっそう掻き立てる。

ムサは湿地のムタの転とか、草や実麻《むさ》、そして豊かな耕地の総《ふさ》の転などの説があり、サシは焼畑を示すサスの転や、まっすぐに伸びた土地のありさまを示すなどの他に、朝鮮語の城《さし》に由来する説もある。

サシ地名には岩手県奥州市江刺《えさし》や茨城県下妻市中居指《なかいざし》、埼玉県所沢市小手《こて》指《さし》などがある。

主な武蔵野地名をあげると、埼玉県の川越市むさし野、藤倉武蔵野開《むさしのびらき》、ふじみ野市大井武蔵野や東京都の武蔵野市、福生市武蔵野台、羽村市武蔵野、昭島市武蔵野、瑞穂町むさし野などがあるが、埼玉県深谷市武蔵野だけは先の領域から北に遠く離れている。

武蔵地名では、埼玉県の日高市武蔵台や滑川《なめがわ》町の国営武蔵丘陵森林公園、東京都の武蔵村山市、瑞穂町武蔵、府中市武蔵台、町田市武蔵ヶ岡などがある。

武蔵国以外の武蔵野地名では、茨城県行方《なめがた》市行戸《ゆくど》、両宿《りょうしゅく》、三和《みわ》、長野江、次木《なみき》、小貫《おぬき》の小字としてあり、かつてあった小貫小学校の校歌の冒頭に「むさしの原」と歌われている。

武蔵野は、かつて行方市の北部から北に隣接する鉾田市に連なる地名としてあったと考えられるが、その由来は判然としない。明治時代には近衛兵の軍事訓練が行われた原野だったが、以後徐々に開拓地として発展したことなどから、その地名由来は武蔵国の武蔵野に通ずると考えられる。

群馬県太田市武蔵島《むさしじま》町は、中世に武蔵野を開拓した武士団の武蔵七党にちなむといわれている。

大きくない大島もある

大島《おおしま》（大島町）

伊豆諸島最大の大島は、奄美大島、紀伊大島などと同じく周辺の島の中で目立って大きい島を示すのだが、各地にある大島の中には比較的小さな島も多い。小さな島は特別な名前をつけなくて、単に島を示す御島《おしま》か青島《おう》が訛って大島になったものもあると考えられる。

山の場合では、鳥取県の伯耆大山《ほうきだいせん》や神奈川県の丹沢山地にある大山《おおやま》などは、御山《おやま》から転じたと考えられる。

小丹波とともにたまげた地形だ

大丹波《おおたば》（奥多摩町《おくたま》）

多摩川の上流部を丹波川《たば》といい、山梨県甲州市に源を発し山梨県丹波山村《たばやま》丹波《たば》を流れ奥多摩町に下るが、そこには大丹波と小丹波があることから、この地域全体をタバといっていたと考えられる。奥多摩町では丹波を「たんば」と音便化して言うこともある。

タバはタワ（戯）け者とか、タワム（戯）れる、タワゴト（戯言）などのタワに語源があり、タマに訛りやすくタマゲ（魂消）るにも通じる。

タワは人の場合には様子が尋常でなく、崩れたような悪ふざけの状態をいうが、地形の場合は魂消るほど険しい谷を示し、多摩川上流域は険しい渓谷になっている。

北区田端《たばた》の由来は、田畑が多かった地域とか、田の端《はし》にあった集落を示すなどの俗説があるが、やはりタバ・ト（所）の転で本郷台地の海食崖を示すと考えられる。

多摩川は流域の地名に多く用いられ、羽村市玉川、昭島市玉川、調布市多摩川、大田区多摩川、世田谷区玉川などがある。茨城県大子《だいご》町の玉川、神奈川県小田原市の玉川、山梨県小菅村の玉川なども狭い渓谷を流れ下っている。

長野県の犀《さい》川の別名を丹波《たんば》川というが、タバが音便化してタンバとなったものだ。犀川は松本平から、犀峡という険しい峡谷をあえぎながら流れて善光寺平に出るが、平地に出たその右岸には長野市丹波島《たんばじま》がある。

日本武尊伝説のある伊吹山の麓には、岐阜県関ケ原町玉《たま》がある。北国街道沿いのひっそりした集落だが、ここは『日本書紀』の壬申の乱の記事に見える「玉倉部《たまくらべ》」といわれている。やはり斜面や崖地を示すタバとクラを強調した地名だ。

愛媛県鬼北町延川駄馬、内子町駄場、高知県大月町大駄馬など四国に多いダバ地名もタバの訛ったものだ。

丹波といえば旧国名の丹波《たんば》国が有名で、京都府京丹後市峰山町丹波《たんば》が国名の発祥地とされているが、その由来は地形からではなく、タニハ（田庭）が転じてタンバになったとされている。

田庭とは、良い耕地のある住み易い所という意味で、竹野川がつくった大宮から峰山にかけての平坦地は確かにおおらかで豊かな平野が広がっている。

山梨県丹波山村

奥多摩町大丹波

狩人の宿があったわけではない

狩宿《かりやど》（日《ひ》の出《で》町）

カリは、刈り払われたような斜面を示し、ヤドはヤ（谷）・ト（所）の転で斜面になった谷間を示し、平井川を挟んだ対岸には谷戸《やつ》、塩田《しおだ》などの谷間を示す地名がある。

茨城県鉾田《ほこた》市借宿《かりやど》は巴川支流の谷間で、台地の崖を背にした谷にある。

長野県軽井沢《かるいざわ》町借宿《かりやど》は、中山道の追分宿と沓掛宿の間にあり、中山道の「間《あい》の宿」としての機能を備えた宿場といわれている。しかし、軽井沢が涸《か》れ沢に由来する地名だとすると、借宿は涸れた谷の意味のカレ（涸）ヤド（谷所）の転とも考えられる。

カリヤドの表記は狩宿が多いが、茨城県日立市仮宿《かりやど》、神奈川県川崎市中原区苅宿《かりやど》のほか刈宿、雁宿などがある。

神奈川県中井町北田仮ヶ谷戸《かりがやと》は、カリ・ガイトの転で垣内《かいと》集落を示すかも知れない。

日の出町狩宿

関東平野には宿を「やど」ではなく「しゅく・じゅく・しく」などと読む地名がいたるところにある。中世の街道に由来する宿《しゅく》がそんなにあるはずもなく、その地形から見てジュクジュクした湿地に由来するものが多いと考えられる。

清瀬市下宿《したじゅく》のシタは台地の下というより、むしろ湿地や水気《みずけ》を示すシト（尿）の転で、台地を刻んで流れる柳瀬川沿岸の湿地を示すと考えられる。

宮城県大崎市尿前《しとまえ》は山地からの湧き水地帯になっており、松尾芭蕉の越えた「おくのほそ道」尿前《しとまえ》の関がある。

シトはヒトにも転じ、石川県中能登町一青《ひとと》はシト・ト（所）の転で、かつて浅い海だった邑知潟地溝帯の湿地にある。

栃木県日光市小百褥《こびゃくしとね》、埼玉県幸手《さって》市一ツ谷も低湿地のシト地名だ。

野辺にある草花のことだろうか

草花《くさばな》（あきる野市）

クズ（崩）・ハナ（端）の転で、草花丘陵から多摩川にむけて滑り落ちる急斜面や崖の先端を示している。

草花の小字《こあざ》には羽ケ田《はけた》（崖所《がけと》の転）、崖の端を示す花ノ戸《はなのと》（端所《はなと》の転）、台地を降り

松尾　一／著　B6判　1,000円+税

イラスト・ふるたけいこ。

岐阜語講座の決定版！

小・中・高から専門家まで、岐阜語の魅力満載！

みんなで使おっけ！岐阜のことば

岐阜大学教育学部助教授
文学博士　山田敏弘／著　A5判　1,400円+税

「共通語も方言も話せる、つまり日本語のバイリンガルになることが、今いちばん必要」と説く本書は、入門編十五課と発展編に、岐阜方言のしくみとその調べ方を、イラスト満載で分かりやすく解説。

読んでほしくない!! 大企業の経営者には。

アナ加工技術は宇宙ステーションまで

ようこそ物《もの》づくり快館《かいかん》へ
～続・アナ物語～

株式会社ダイニチ会長・下村尚之／著　A5判　1,600円+税

独自の穴あけ加工技術で素晴らしい業績を上げ、クライアントから確固たる信頼を勝ち得ている会長・下村尚之の、個性あふれる経営感覚と行動は、悩める中小企業経営者の大いなるヒントとなろう。

髪の毛より細い穴あけます

アナ物語

株式会社ダイニチ会長・下村尚之／著　A5判　1,600円+税

ナノテクノロジーからロボットへ。世界初の細い穴あけ技術を企業化した技術で、世界初の5本指のロボットハンドを開発。四十三歳で、やっとやる気を起こした二代目会長の独自の経営戦略を自伝的に語る。

名作『坂の上の雲』(司馬遼太郎)に登場。
左遷は三度、盟友秋山好古と交流した不屈の陸軍中将仙波太郎とは?

評伝 仙波太郎

仙波実(仙波太郎 孫)/監修 田所軍兵衛/著

A5判 1、800円+税

伊予松山の没落した庄屋の長男として誕生した仙波太郎(一八五五〜一九二九)は、行商の傍ら私塾米山塾で学び、陸軍教導団、士官学校、陸大と進み、日清・日露戦争に従軍、中将で退役した。晩年は加納(岐阜市)に住み、加納少年団(ボーイスカウト)創設や社会教育活動など多くの事績を残した。生きる姿、社会貢献する姿は現代人に通じる。

「環農資源」とは
山羊さん除草隊は、学校や行政から理解を得、農業や企業、教育に活動の場を広げている!

山羊さん除草隊

渡辺祥二/著

B6判 1、800円+税

環境問題、農業問題、資源問題という「環農資源」とどう付き合っていくのか? 山羊さん除草隊を通じて農業理解の促進や産学官との連携など、あらゆる分野と共有、共存、そして共生することとは?岐阜大学や、岐阜県立加茂農林高校、美濃加茂市などと協働し、山羊が様々な分野で相乗効果があることを実践。

温泉で育つドラゴンフルーツ

なぜ? 雪深い奥飛騨で熱帯果実のドラゴンフルーツを育てるのか?

〈ご注文方法〉

■まつお出版の出版物の常備店でご注文できます。

■全国どこの書店さんでもご注文できます。お近くの書店さんでどうぞ。

■直接、まつお出版へご注文もできます。郵便振替で代金に送料310円（1回　何冊でも）を加えた金額をご送金下さい。折り返し発送いたします。

郵便振替の通信欄には書名、冊数のご記入をお忘れなく。

■品切れ本にご注意下さい。

まつお出版

500-8415 岐阜市加納中広江町68　横山ビル

TEL 058-274-9479　FAX 058-274-7197

郵便振替　00880-7-114873

http://www.matuo-shupan.com/

まつお出版の本

まつお出版叢書シリーズ

⑧

編年・資料

円空仏・紀行Ⅰ

小島梯次／著

Ａ５判　１、２００円＋税

極初期、北海道、東北の円空仏から前期を詳述、各地に点在する円空仏によって中期、後期を外観し、円空仏の様式展開と確立を考察する。その為の資料として、円空仏の背銘、円空自筆文書、円空に関連した棟札、厨子銘、鰐口銘、墓碑銘等を活字化した。

本書は、いわば円空仏紀行の序章であり概説でもある。

各地を巡錫した円空（一六三二〜一六九五）の

たところを示す台下、折立《おりたて》などがあり地形に忠実な地名になっている。

崩壊地を示すクズ・ラ（接尾語）が転じたクジラ地名として、北海道厚岸町鯨浜、新潟県柏崎市鯨波、三重県紀北町鯨などがある。

まさか蚕さまが繭をつくる山ではあるまい

桑ノ木山《くわのきやま》（小笠原村《おがさわらむら》）

小笠原村の父島と母島両島にあるこの山は、養蚕に使う桑の木とは関係ない。クエ（崩）・ノ・キ（接尾語）の転で、険しい急斜面の山を示す。山口県萩市桑の木も険しい地形を示すが、その背後に聳える鯨ヶ岳もクズレ（崩）に由来する。

茨城県笠間市の鍬柄山《くわがらさん》、静岡県川根本町の桑野山なども崩壊するような険しい山を示し、栃木県真岡市桑ノ川《くわのがわ》、宇都宮市上桑島町などは、河川の浸食でコワ（壊・潰）れた所を示す。

神様が集まる島ではない

神津島《こうづしま》（神津島村）

この島の北端には神戸山《こうべ》があり南部には高処山《こうしょ》があるが、これらはいずれもコウド山とも読める。また、島の中央には最高峰の天上《てんじょう》山が聳えていてその名もやはり高いところを強調している。

神津島はコウド（高所）島の転と考えられるが、かつては神集《こうづ》島と書いたため、神様の集まる島という俗説もある。

青森県の八甲田《はっこうだ》山はかつて八神田山とも書き神様の居る所とされたが、ハチ（八）・コウド（高所）山の転と考えられ、いくつかの高い峰のある山を示している。

神津島

黄金の水とはどんな水なのだ
小金井《こがねい》（小金井市）

黄金《こがね》に匹敵するほどの豊富な湧き水を「黄金《こがね》の井」と称したことによるという俗説がある。

クガ・ノ・イ（井）の転で、クガは険しい地形や崖を示すから、地元で「ハケ」と呼ぶ武蔵野台地の崖や野川の河岸段丘崖からの湧水地を示すと考えられる。

栃木県下野《しもつけ》市小金井《こがねい》も同じ地形地名だが、湧水の溜まった池の中から黄金が出てきたことに由来するという地名伝説がある。

千葉県松戸市小金《こがね》はコカ子《ね》や金《こがね》と書かれたこともあるが、これもやはり崖を示す地名だ。

馬を繋ぐ木を連想するのだが
駒木《こまき》町（青梅《おうめ》市）

コ（小）・マキ（巻）かコマ（曲）・キ（接尾語）で、多摩川に巻かれるようにしてある釜の淵公園あたりを示すと考えられる。

埼玉県加須《かぞ》市駒場《こまば》はコマ（曲）・バ（場）で、渡良瀬川と利根川の落ち合う湿地帯の渡良瀬川が曲流した跡に残った河跡（三日月）湖に接しており、対岸は同じ曲流を示す袋地名の伊賀袋がある。

千葉県流山市古間木、駒木は大堀川が曲流していることに由来する。

河川が大きく巻いている地名では、富山県南砺《なんと》市にある秘境の大牧《おおまき》温泉があり、そこは庄川が大きく湾曲したところにある。

稲城に浜辺があるわけでなし

坂浜《さかはま》（稲城《いなぎ》市）

浜の語源は、ハ（端）・マ（間）で、土手や川岸、急斜面などを示し、海岸にある浜辺は陸地の端を示す。

坂浜は三沢川の川岸にある土手か河岸段丘の急坂に由来し、付近には狭い谷を示す

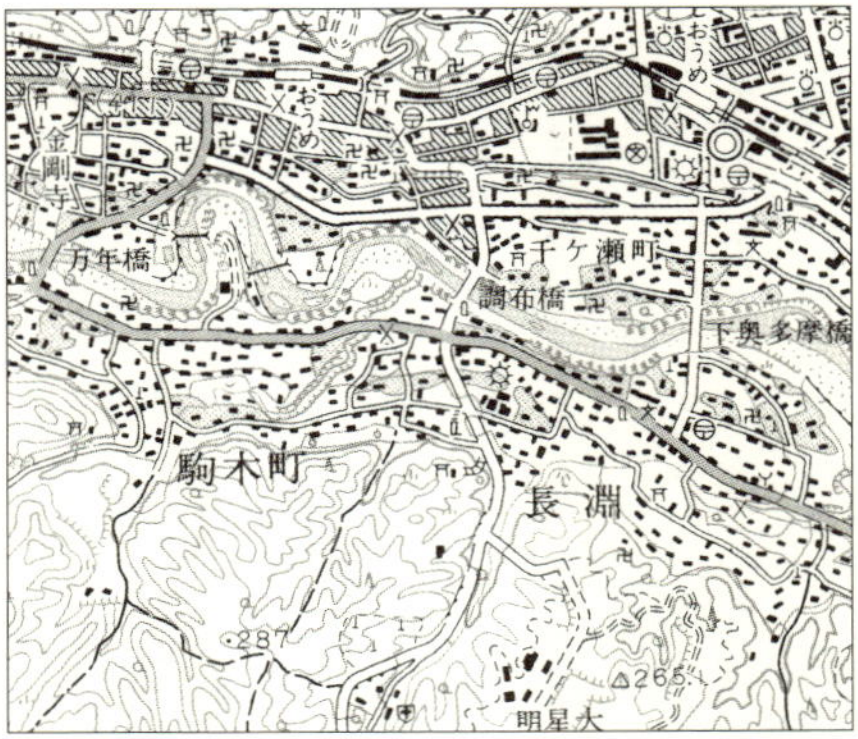

青梅市駒木町

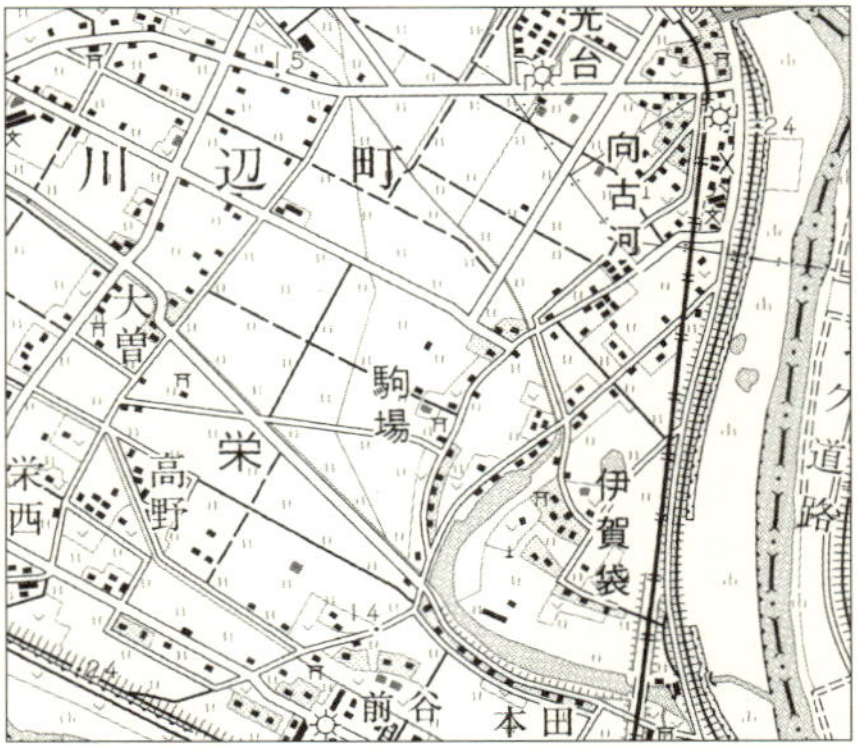

埼玉県加須市駒場

上《かさ》谷戸がある。

東京の山中に猿の出る入り江はない

猿江《さるえ》（檜原村《ひのはら》）

奥多摩の山中を流れる北秋川の上流月夜見沢《つきよみ》の急斜面にあるが、こんなところが入り江であったはずがない。

サル・へ（辺）の転で、サルは崩壊地を示すザレ場や晒《さら》された滑りやすい斜面を示し、秋田県由利本荘市猿倉、茨城県常陸大宮市猿久保なども同じ地形地名である。

千葉県成田市猿山は滑川《なめがわ》にあるＪＲ成田線滑河《なめがわ》駅の南にある滑りやすい山を示し、駅名の地名も滑りやすい斜面か滑らかな平地側《がわ》を示すものだ。

東京都江東区猿江《さるえ》は、湿地帯にあるサル地名で、サラサラの砂地かスルスルすべるような泥地を示すと考えられる。ここには平安時代後期に猿藤太《さるのとうた》という武将が、この地の入り江で力尽きて死んだことに由来するという地名伝説がある。

檜原村猿江

周囲を岩礁が敷き詰めている島

式根島《しきねじま》（新島《にいじま》村）

シキは敷《し》くという意味で、ネは岩礁を示すから式根島は海岸に岩礁が広がっている島のことだ。このように伊豆諸島には岩礁に由来する根地名が多い。

名主の白丸さんが住んでいたのだろうか

白丸《しろまる》（奥多摩町）

シロは白いという意味ではなく、スルスル滑ることをあらわすスルの転で、マルは回り込むような地形をあらわす。

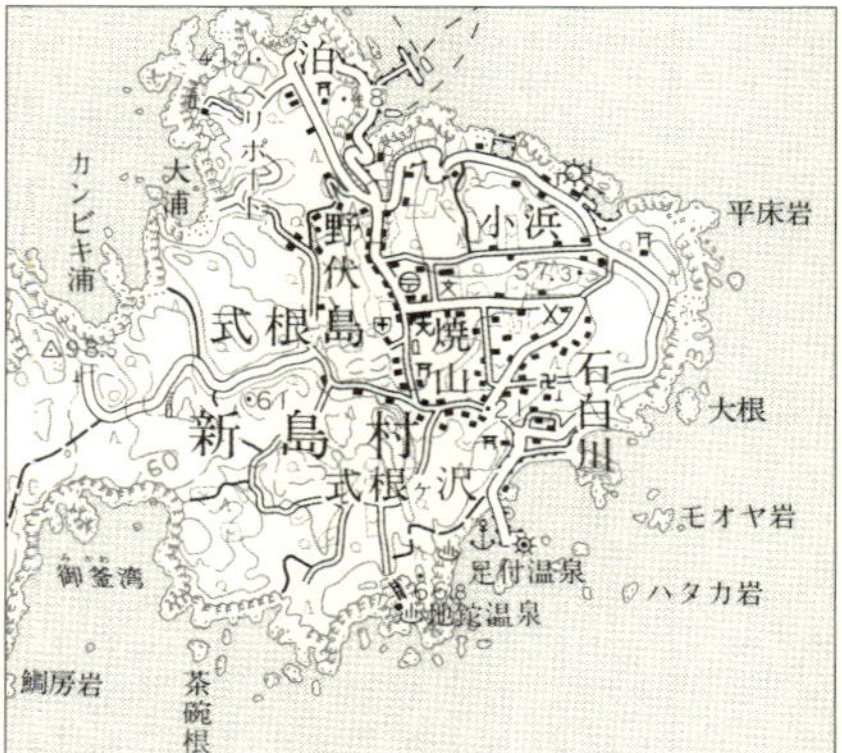

式根島

白丸は青梅線白丸駅に向けて急斜面の山腹が湾曲しているところで、群馬県下仁田町中丸、栃木県鹿沼市笠丸も白丸と似た地形にある。

もとは城丸といい、この付近に砦があったという説があるが、シロマルという地名が先にあって、それに見合った由来を伝えたとも考えられる。

群馬県前橋市には徳丸、房丸、力丸という地名が隣接してあるがいずれも地形地名ではなく、富山県富山市太郎丸、愛媛県宇和島市五郎丸などと同じく、そこを開墾した名主の名前を起源とする名田百姓村に由来する。

なお、白沢、白谷、白川などの地名に見る白は、水が滑るようにして流れる意味もあるが、多くは透明で潔白な水の流れを示したものが多い。

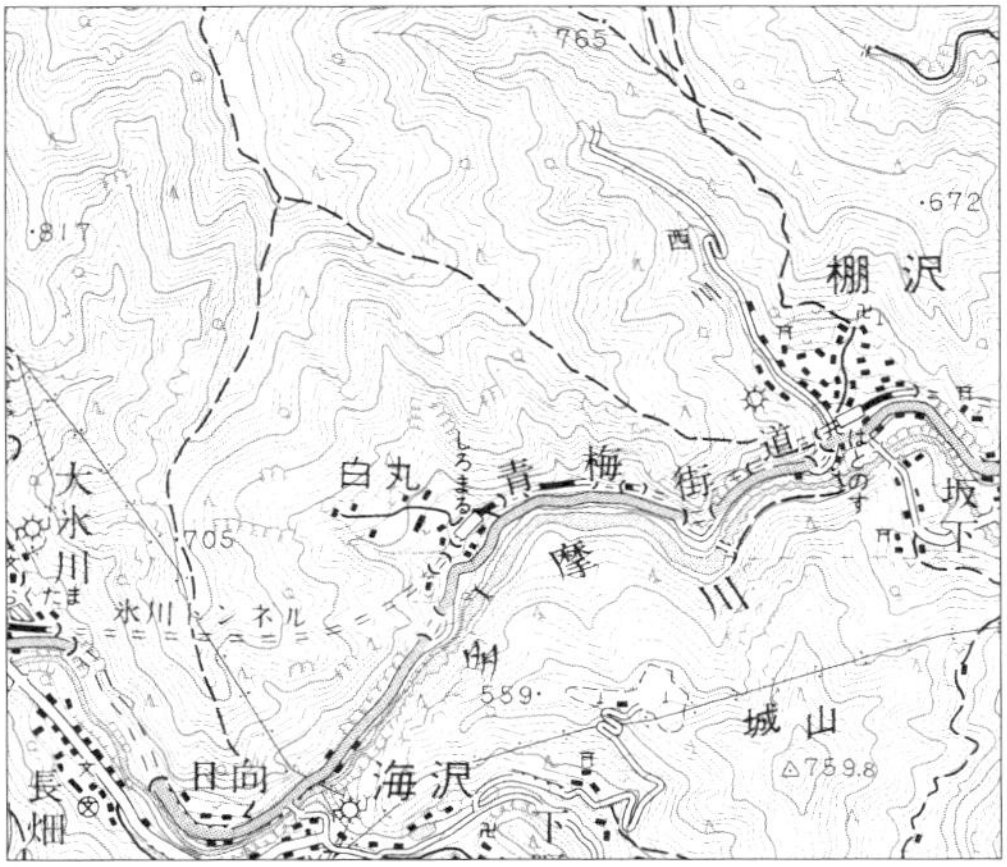

奥多摩町白丸

確かに水田は無かったと思われるが
田無《たなし》（西東京）

タ（田）・ナシ（成）で、水田地帯だとか、田の無いところなどの説があるが、これらは田の字義にこだわったもので従えない。

また、年貢の取立てが重くて種籾までも無くなってしまった種無《たねなし》が転じたとする俗説もある。

地形由来としては、階段状になっている棚瀬《たなせ》の転という説があるが、そうではなくタは高いところや単に広い場所を示し、タ・ナシ（成）かタ・ノシ（延）の転で、武蔵野台地に広がった平地を示すと考えられる。

鶴が訪れる公園みたいだ
鶴間《つるま》（町田市）

鶴間は境川の対岸にある神奈川県相模原市南区上鶴間《かみつるま》、大和市下鶴間《しもつるま》とともに近世初期までは同じ鶴間という地域であった。

その昔、鶴が飛来したことに由来するというのは俗説で、ツル・マ（間）はツルッルと流れる川のある所かヅルヅルの湿地の意味だ。

町田市鶴川には鶴見川が流れており、和歌山県古座川町鶴川は古座川の小さな支流鶴川の流れに沿った集落だ。

山梨県都留《つる》市の由来となった都留郡の名は、鶴川、葛野川、桂川、大幡川などがツルツルと滑るように流れていることに由来する。

宮崎県小林市水流迫《つるざこ》や延岡市北方町川水流《かわずる》など九州に多い水流地名は、まさに川の流れを表現した漢字になっている。

福井県敦賀市《つるが》は、古代朝鮮から渡来したツヌガアラシトという人物に由来する角鹿《つぬが》が転じた地名といわれているが、ツル・カ（処）の転で木ノ芽川や笙《しょう》の川、井の口川などが流れる小平野を示すとも考えられる。

日本三大急流のひとつの富士川と安部川、大井川などが流れる静岡県の駿河国《するが》は、ツルがスルに転じたものだ。

ヅルヅルとした湿地の意味では、名古屋市昭和区鶴舞町《つるまい》や鶴舞《つるまい》がある。このあたりはかつてツルマという地名で、ここに造成された公園の名を縁起よく鶴舞《つるま》公園と表記したが、後に設置された中央本線の駅名を鶴舞《つるまい》と呼んだため、町名をそう呼ぶようになった。

青森県鶴田町鶴泊《つるどまり》は、江戸時代に鶴がよく飛来したことに由来するといわれているが、江戸時代以前にツル地名があったと考えられるし、鶴が飛来しただけの理由で地名になるとは思えない。

鶴田はツル・ト（所）、鶴泊は、ツル・タマリ（溜）の転で、津軽平野に広がる湿地帯や水溜まりに由来すると考えられ、長野県軽井沢町鶴溜《つるだまり》も同じような意味の地名だ。

なお、青森県鶴田町には廻堰大溜池《まわりぜきおおためいけ》のほとりに「丹頂鶴自然公園」があり、平成になり中国やロシアなどから鶴を譲り受け飼育している。

丹頂鶴の飛来地と繁殖地にちなんだ正真正銘の鶴地名としては、北海道鶴居《つるい》村が昭和十二年に誕生している。

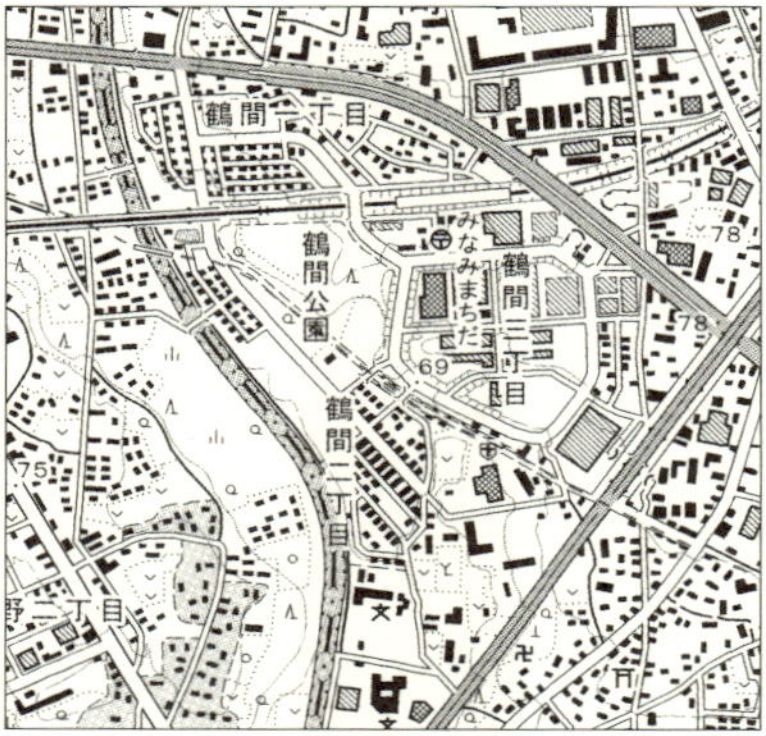

町田市鶴間

山梨県都留市中心部

豊島と同じ地名由来
利島《としま》（利島村）

利島は宮塚山によってつくられた円錐状の火山島で、外島《としま》と書いていた時代もあったが、外側の島を示すのではなく、ト（尖）・島でとんがり帽子が海面から突き出たように見えるのがその由来だ。

東京都北区豊島《としま》は、ト（尖）・ス（洲）・マ（間）の転で、隅田川の曲流部にある洲が突出したような地形を示す。

瀬戸内海に浮かぶ香川県の豊島《てしま》はトシマが訛ったもので、利島と同じくどこから見ても尖がってよく目立つ島だ。

難読地名の由来は単純だった
廿里《とどり》（八王子市《はちおうじ》）

難読難解地名のひとつだが、南浅川の轟《とどろ》く音か、急斜面がドドと崩れる様を示したトドロが転じてトドリとなったと考えられる。

十《とう》たす十だから廿と表記してトドと呼ん

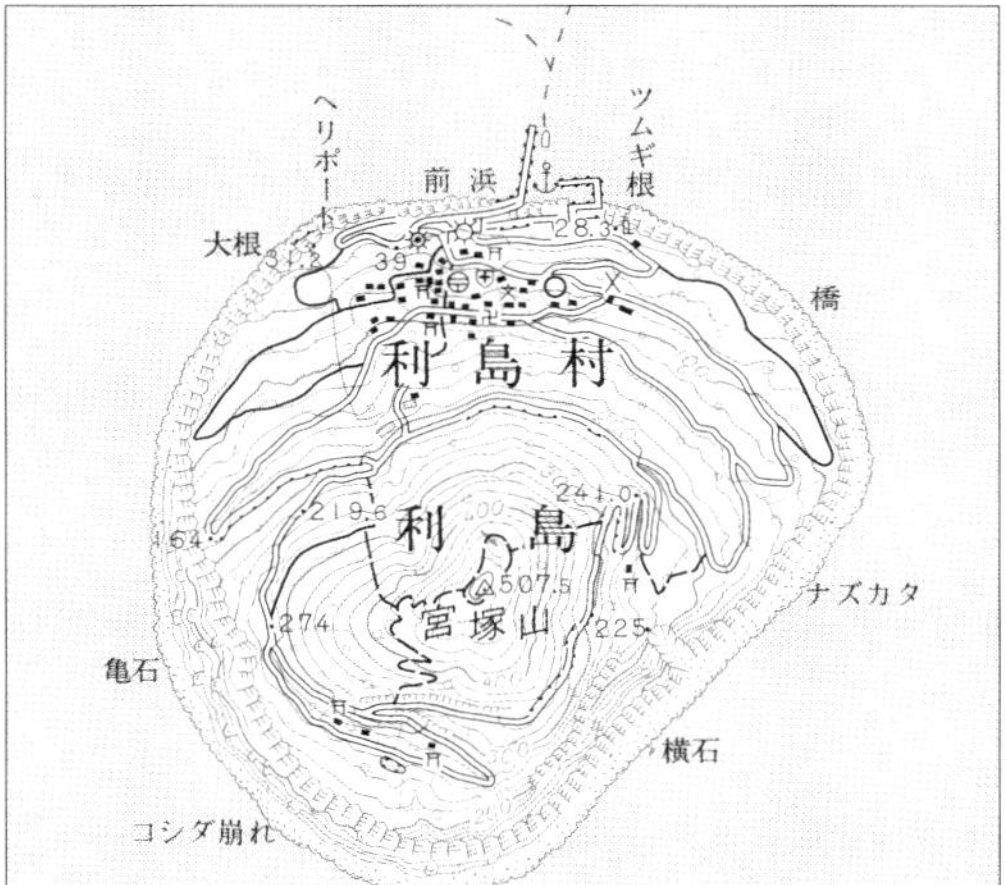

利島

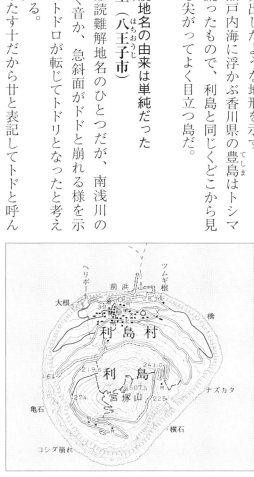

だのだが、東京都あきるの市戸倉十里木《じゅうりぎ》もトドリ・ギ（処）が転じたトウリ・ギに由来すると考えられる。

東京都世田谷区等々力《とどろき》、群馬県甘楽町轟、山梨県甲州市等々力などのほか、トドに十かける十で百の字を当てた福島県二本松市百目木《どうめき》、岡山県津山市加茂町百々《どうどう》などは滝や川の音に由来する。

海の音では青森県深浦町驫木《とどろき》、千葉県白子町　驚《おどろき》、愛知県田原市百々《どうどう》などがある。

不思議な地名にはそれなりのいわれがある

飛田給《とびたきゅう》（調布市《ちょうふ》）

仏教の慈悲の精神にもとづく施設の飛田院にちなむとか、中世に飛田某の給分地であったところという俗説がある。

トビタはドブ・ト（所）の転で低湿地を示すか、トム（富）・ト（所）で豊かな土地を示し、給は庄園領主などから年貢が免除されて与えられた土地を示す給田のこととされている。

富が飛に転ずるのは、トミ（富）タル明日香が、トブ（飛）トリ（鳥）の飛鳥《あすか》に転じたことと同じだ。

新しい島以外には考えられない

新島《にいじま》（新島村）

『日本書紀』によると七世紀後半に日本列島の太平洋側で大地震が発生し、海底が隆起して二つの島が一つになったとあるが、それが現在の新島だとされている。

昭和四十八年九月、小笠原諸島にある無人島の西之島付近の海底火山が噴火して新島が誕生し、十二月に西之島新島《にしのしましんとう》と名づけられたように、新島は歴史時代に入ってから記録が残る文字通り新しい島を示す。

焼畑農業を意識した地名だ

野火止《のびどめ》（東久留米市《ひがしくるめし》）

焼畑の火や野火が止まることに由来するという俗説がある。

ノベ（延）・ト（所）・べ（辺）の転と考えられ、武蔵野に延びた広い原野を示す。

野火止の本田は埼玉県新座市野火止《のびとめ》で、平林寺周辺の広

東久留米市野火止

い地域を示すが、そこから清瀬市、東久留米市あたりに新田を開いたとされている。類似した地名として、あきる野市野辺《のべ》、茨城県潮来市延方《のぶかた》、栃木県小山市延島《のぶしま》、さくら市野辺山、長野県南牧村野辺山などがあり、のびのびと広がっている土地を示す。

東久留米のクルメは侵食地形を示すクレ（刳）・べ（辺）か、クズ（崩）・べ（辺）が転じたもので、野火止を流れる黒目川《くろめ》はクルメ川が転じたものだ。

八王子市犬目町、茨城県常陸太田市沢目町、栃木県大田原市荻野目、埼玉県加須市中ノ目、広島県庄原市総領町黒目などもその辺《あたり》を示すメ地名だ。

さまざまな地名由来が錯綜している
拝島《はいじま》（昭島市《あきしま》）

多摩川上流の奥多摩町日原から流れ着いた大日如来像をお堂を建てて拝んだことに由来するという地名伝説があるが、その語源はさまざま考えられる。

古代の開墾地を示すハリ（墾）・シマ、多摩川の河岸段丘の先端を示すハ（端）・シマなどが転じたものか、上流の羽村市と同じく粘土質の土壌であるハニ（埴）・シマに由来するのか、単純に段丘の上に這《は》うようにしてある平地を示した、ハイ（這）・シマに由来するかもしれない。

有名な離島もその地名由来は難解だ

八丈島《はちじょうじま》（八丈町）

この島の地名由来はいくつかあるが、どの説も疑問点が多い。

八丈をヤタケと読み、美称の接頭語であるヤとタカ（高）の転じたタケとすると、神津島と同じ高いところのある島ということになり、タケ（岳）と解すると単に御岳《おやま》の意味になる。また、八丈富士といわれる西山（八五四ｍ）を見て、鉢を伏せたような形に見えるということで鉢状《はちじょう》島にしたとか、島特産の黄八丈という織物に由来するという説もある。

伊豆諸島の中でこれだけの広さの平地を持つのは八丈島だけなので、西山と東山に挟まれた八丈島空港のある平地の漠然とした広さを　末広がりの縁起を込めて八丈と呼んだとも考えられる。

初は源流に多い地名だが

初沢《はつざわ》（八王子市）

ハツ（削）・サワの転で、南浅川の支流の初沢川が侵食した険しい沢を示す。

茨城県常陸太田市町屋町八沢《はつざわ》は里川の小さな支流の谷にあり、山梨県大月市初狩《はつかり》は笹子川の険しい侵食谷を示す。

ハツ地形の多くは河川の上流の渓谷に多いため、初瀬《はつせ》川という川が各地にある。長谷《はせ》寺で有名な奈良県桜井市初瀬《はせ》は、ハツ・セの転でそこを大和川の上流に当たる初瀬《はつせ》川が流れる。

埼玉県横瀬町初花《しょはな》は横瀬川上流の急な傾斜地にあり、ハツ・ハナ（端）の転と考えられる。

羽根《はね》としたほうが呼びやすい羽《はむら》村市

（羽村《はむら》市）

ハネは、ハニ（埴）の転で粘土質土壌のあるところを示す。

大田区羽田《はねだ》はハニ（埴）・ト（所）の転で、多摩川の河口付近が粘土質土壌であることを示し、羽の形をした土地の意味ではない。

ハニ地名は北区赤羽《あかばね》、世田谷区羽根木《はねぎ》、茨城県桜川市羽田《はねた》、栃木県栃木市赤羽根、神奈川県秦野市羽根など各地に多いが、ハニュウやハブにも変化している。

日の出町羽生《はぶ》、埼玉県羽生《はにゅう》市、富山県小矢部市埴生《はにゅう》、大阪府羽曳野市埴生《はにふ》、京都府南丹市埴生《はぶ》など。

愛知県豊橋市花田《はなだ》町は豊橋駅西口にあり、そこには羽田《はだ》八幡宮があり、羽田《はだ》町も隣接してある。花田も羽田も同じくハニダ（埴田）から変化したもので、すぐ南には羽根井《はねい》という地名もある。豊橋駅の西駅前付近はよほど粘土質土壌が卓越した地域なのだろう。

兵庫県姫路市花田は、市川と天川に挟まれた低湿地にある。

日当たりがよさそうな地名だ
日野《ひの》（日野市）

古代、ここに狼煙台がありそこを火野といいそれを日野に改めたとか、日野中納言資朝の玄孫の宮内資忠がここに移住したことに由来するという伝説がある。

地名に見えるヒは日、肥、干、樋、火などの漢字が使われ、その土地に住む人の趣向で表記している。

日野は多摩川と浅川に挟まれた三角形の丘陵にあり確かに日当たりはいいが、日向《ひなた》、日影などの日照関係の地名は山間地に多いことを考えると、水の便の悪い干野《ひの》に由来すると考えられる。

神奈川県相模原市緑区日野は沢井川の狭い谷にあり、日当たりの良い場所を示す。ほかに、横浜市港南区日野、埼玉県秩父市荒川日野、岐阜県岐阜市日野、滋賀県日野町など、地形を見て由来を判断しなければならない。

馬に乗ったまま渡れない沢なのか
馬引沢《まひきざわ》（多摩《たま》市）

乞田《こった》川の刻んだ底の平らな谷になっており、現在は都市化して面影はないがかつては低湿地であった。

マやウマは倦《う》んだ湿地を示すウミ（倦）・マ（間）の転で、引沢は低い場所を示すヒクサワ（低沢）の変化したものだ。埼玉県日高《ひだか》市馬引沢《うまひきざわ》も同じ地名由来である。

東京都世田谷区上馬、下馬は、江戸時代には上馬引沢、下馬引沢といったが、ここには次のような地名伝説がある。

源頼朝が奥州征伐の折、渋谷八幡宮に葦毛の馬を献上しようとしたが、沢の深みにはまって死んでしまった。そのため頼朝が馬を引いて沢を渡れと命じたことに由来するというものだが、地形的にはかなりの悪所なので、馬を引いて歩くという伝説を作りたくなる。

蔵があった島と信じたいのはわかる

御蔵島《みくらじま》（御蔵島村）

三島神社の蔵があった島を示すという説は、先の神津島とおなじ漢字の字義にこだわったものである。

三宅島と同じ接頭語のミをつけたミ・クラ島で、本土にも多いクラ地名は急崖など

埼玉県日高市馬引沢

御蔵島

の危険な場所を示す。この島は周囲を近寄りがたい断崖絶壁と岩礁を示すネ（根）に囲まれており、島の地形そのものを示している。

離島にも屯倉《みやけ》があったのだろうか
三宅島《みやけじま》（三宅村）

三宅という地名には、古代における朝廷の直轄地を示す屯倉に由来するものが多いが、この島は屯倉とは関係ない。

古くから噴火が絶えない島であることから、焼島《やけしま》に接頭語のミをつけた御焼島《みやけじま》と呼んでいたことに由来する。

ちなみに、島の北部には溶岩が流れ出たところを示す焼場《やけば》という地名がある。

単純に神社にある沢でいいのだろうか
宮沢《みやざわ》（昭島市）

宮沢町にある諏訪神社境内には、東京都が選定した「東京の名湧水57選」のひとつに数えられる湧水があり、宮を諏訪神社と考えてそこを地名発祥の地としている。

しかし、宮古、宮戸、宮脇、宮地などの地名には神社のないところもあり、宮は必ずしも神社を示すというわけではない。

ミ（水）・ヤ（接尾語）・サワ（沢）の転で、ミオ（澪・三尾）地名と同じく単に水の流れる所を示し、三沢や水沢と同じ語源の地名とも考えられる。

長野県小諸市宮沢《みやさわ》は千曲川の左岸の急傾斜地にあり、集落の西端の山中に小さな神社があるが付近には沢を思わせる場所が見当たらなく、千曲川のゆったりした流れの谷を宮沢と呼んだと考えられる。

四の字にこだわってはいけない

四谷《よつや》（府中市《ふちゅう》）

四谷は関東地方を中心に東日本に多い地名だ。

ヤチ（萢）・ヤ（谷）の転で、多くは低湿地を示す谷地《やち》地名で、青森県板柳町には四ッ谷と萢子《やちこ》が隣接してある。

府中市四谷は多摩川左岸に広がる地域で、すぐ上

長野県小諸市宮沢

諏訪神社境内（昭島市）

流には泉や谷保という地名もあって背後の台地からの湧水がある湿地を示している。

八王子市四谷は、北浅川右岸にあるが、その北方には多摩川の支流の谷地川が流れる。

新宿区四谷の地名由来は、四つの水源のある谷に由来するとか、四軒の家にちなむとするものが一般に流布しているが、これらは四という漢字に惑わされたものだ。

後者の説では家の数が増えたので四家の表記では不都合になり、四谷としたというのだ。それならば、山形県東根市四ツ家、栃木県真岡市五軒屋、群馬県みどり市笠懸町四津家《よつや》、愛知県春日井市四ツ家町のように今も各地に残る家戸数地名は、そこの家の数が増えなかったというのだろうか。

東京には谷地地名の渋谷、入谷、雑司ヶ谷、祖師谷、世田谷など多くあるのに、四谷だけが家戸の数

茨城県稲敷市余津谷

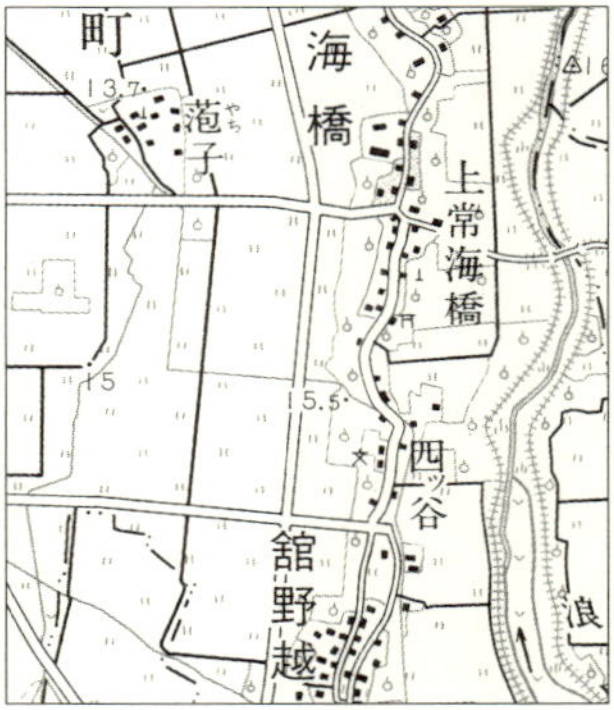

青森県板柳町四ッ谷

を示す地名とは考えられない。

低湿地を示すヨツヤには、仙台市若林区四ツ谷、茨城県つくば市四ッ谷、稲敷市余《よ》津《つ》谷《や》、四ッ谷、埼玉県上里町四ッ谷、千葉県成田市四谷、神奈川県相模原市中央区四ッ谷、座間市四ッ谷などがある。

長野県小諸市四ツ谷や岐阜県恵那市武並町四ツ谷、愛知県新城市四谷などは山地の谷合にある湧水地を示す。

第3章　東京都周辺編

山形県の左沢《あてらざわ》の由来は北関東や山梨の沢が教えてくれる

あてら沢《さわ》（群馬県みなかみ町）

アテは、樹木でいえば北側の生長の遅い部分をいい、地形では日当たりの悪い場所を示す。

アテ・ラ（接尾語）が語源である栃木県日光市アテラ沢、山梨県上野原市阿寺沢、安寺沢と同じように、狭くて日当たりの悪い小さな沢を示す。

山形県大江町左沢《あてらざわ》は向こう側という意味のアチラ沢が訛ったという説があるが、そんなあいまいな概念が地名になることはなく、大江町左沢で最上川は大きく曲流しているが、そこの日当たりの悪い陰地の部分を示す。

アテラを左と表記したいきさつは不明だが、あちこちに左右という漢字に当てるなら、アテラの陰地の部分をアチラと転じて読み、そこが最上川の左岸にあるからかもしれない。

長野県大桑村の阿寺《あてら》渓谷、愛知県設楽町阿寺、静岡県浜松市天竜区阿寺、岐阜県恵那市上矢作町阿寺など、いずれも日当たりの悪いアテ地名だが、山梨県からつづく中部日本の山間部に特徴的に見られる地名だ。

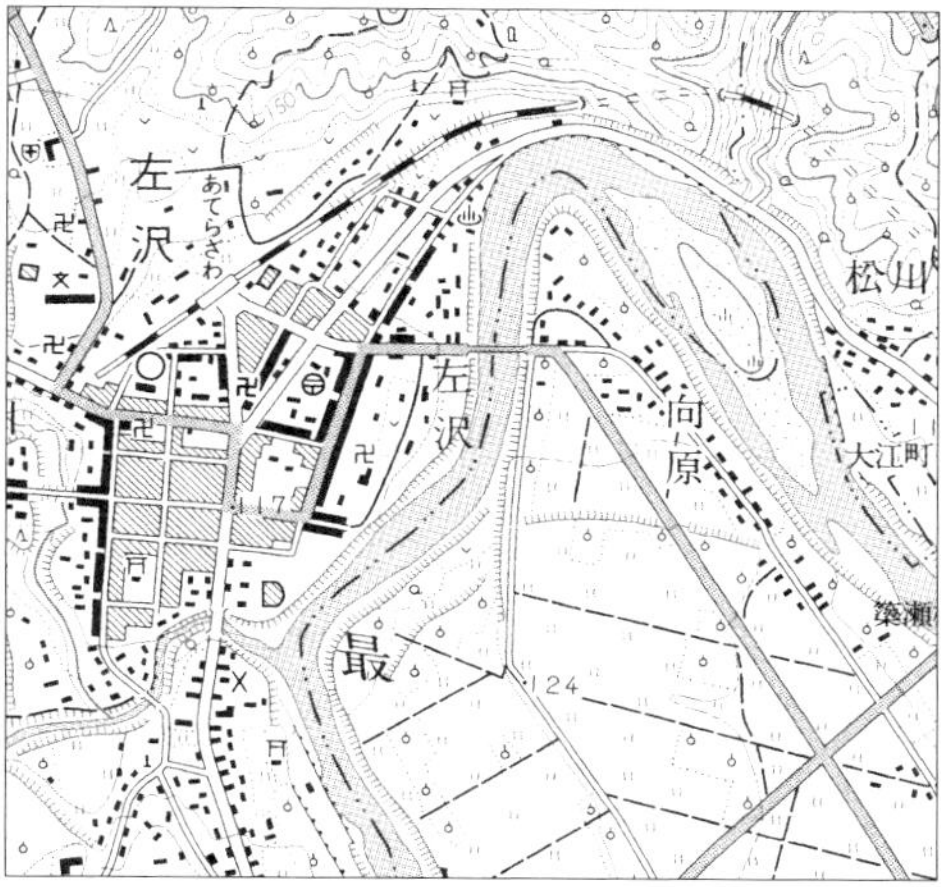

山形県大江町左沢

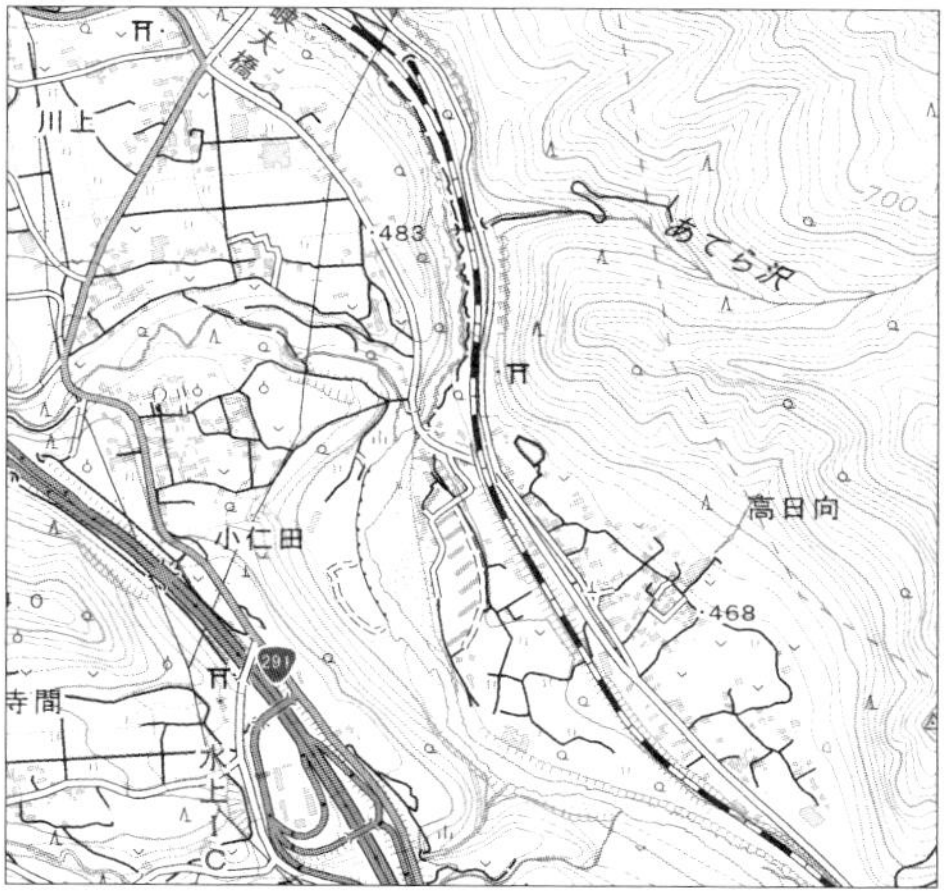

群馬県みなかみ町あてら沢

海から潮が遡上《そじょう》するのは間違いないのだが

潮来《いたこ》（茨城県潮来市）

『常陸風土記』によると、潮来付近には板久《いたく》や伊多久《いたく》という地名が見える。

イタクの語源は、イタ（傷）・コ（処）の転で、傷《いた》んだ地形のある場所を示し、潮来付近の北側にある台地の崖を示している。

古くから板久のあたりには、海から潮《いた》が遡上して来ることから、元禄十一年（一六九八）に水戸藩主の徳川光圀《みつくに》の命により潮来としたというが、イタコの語源は海の潮とは関係ないと考えられる。潮来の西北ある潮来市荒久《あらひさ》もかつてはアラクといったと考えれば、アラ（荒）・コ（処）が訛ったもので、台地の荒れた崖に由来する地名になる。さらに、霞ヶ浦東岸にある行方《なめがた》市の台地の縁には、崖を意味するアゾ地形の麻生《あそう》や崩《ほう》ける地形を意味する粗毛《ほぼけ》がある。

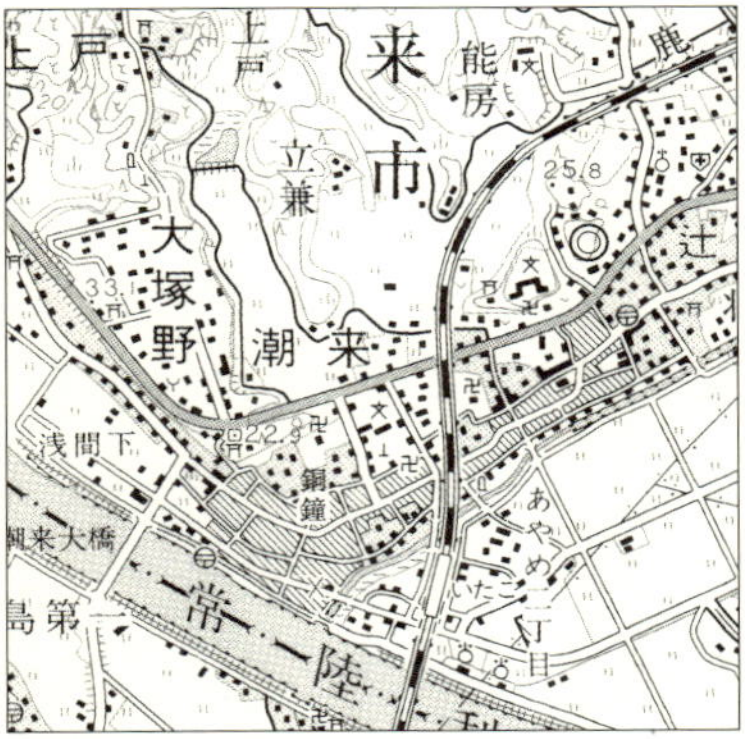

茨城県潮来市潮来

茨城県行方市粗毛

毛の地名を嫌がってはいけない

稲毛《いなげ》（千葉県千葉市）

古代の地方役人の職名である「稲置《いなぎ》」にちなむという説もあるが、砂地を示すイナと接尾語のケ（処）で、東京湾沿岸の砂地を示すと考えられる。稲毛の海岸には黒砂、稲丘、春日などのいずれも砂質の土地を示す地名がある。

東京都稲城《いなぎ》市は、中世にあった武蔵稲毛荘の故地とされており、同じく多摩川沿岸の砂地を示したものと考えられる。

明治二十二年に大丸、平尾などの六ヶ村が合併した時に稲毛ではなく稲城村として誕生したが、なぜ稲毛を採用しなかったかについては諸説ある。

栃木県芳賀町稲毛田

栃木県芳賀《はが》町稲毛田《いなげた》は大川の運んだ砂質の細長い谷平野になっている。

砂地のイナ地名では茨城県稲敷《いなしき》市、静岡県浜松市北区引佐《いなさ》などがあり、毛の地名では、世田谷区野毛《のげ》、福島県福島市飯坂町鼻毛《はなげ》、茨城県笠間市下市毛《しもいちげ》、岐阜県可児市尻毛《しっけ》、大分県宇佐市安心院《あじむ》町下毛《しもげ》など、確かにそこに住む人が少し複雑な気持ちになる地名もある。

犬の吠える声が聞こえてきそうな岬
犬吠埼《いぬぼうさき》（千葉県銚子市）

犬吠埼の地名由来には、源義経の愛犬「若丸」にまつわる伝説があったり、太平洋の海鳴りの音や、海獣の声が犬の吠える声に聞こえるとかの俗説がある。

イヌの語源は何か特別奇怪なものを表現したオニ（鬼）の転とされ、地形を見るとそこはいずれも険しくなっている。

静岡県川根本町犬間《いぬま》は、大井川の上流にある険しい峡谷にあり、愛知県犬山市の犬山城は木曽川に落ちる断崖の山上にある。また、滋賀県の犬上《いぬかみ》川は険しい渓谷を噛《か》みながら琵琶湖にそそいでいる。

ボウは崩《ほう》けるが語源で崩壊地形を示すから、犬吠埼はその名の通り太平洋に突き出た険しい断崖絶壁を示す。イヌボウ地名は内陸にもあり、茨城県常陸太田市赤土町犬防《いぬぼう》、大子町塙犬防、神奈川県平塚市南豊田犬坊などがある。

犬吠埼の南隣には犬若《いぬわか》という地名がある。イヌワカはオニワカの転と考えられ、ワカはホケ（崩）が訛ったものだ。

ここは海岸低地から二十五メートルほどの海食崖になっており、ここにある崩壊性の断崖は犬若から南の名勝「屏風ヶ浦」へと続いている。

厳しい断崖の続く長崎県対馬市美津島町犬吠《いぬぼえ》と元犬吠鼻も犬吠埼と同じ由来だ。

島根県松江市の日本海岸には、犬堀鼻《いぬぼりばな》という岬があるが、この堀《ほう》も崩が訛ったもので急な断崖絶壁の岬だ。また、京都府の丹後半島にある犬ヶ岬は、犬の形から名付けられたという俗説があるが、やはり人を寄せつけない断崖を示す。

福井県にある景勝地の「東尋坊《とうじんぼう》」のボウも地形からすると「崩」の意味で、坊さんにまつわる地名ではないと考えられる。

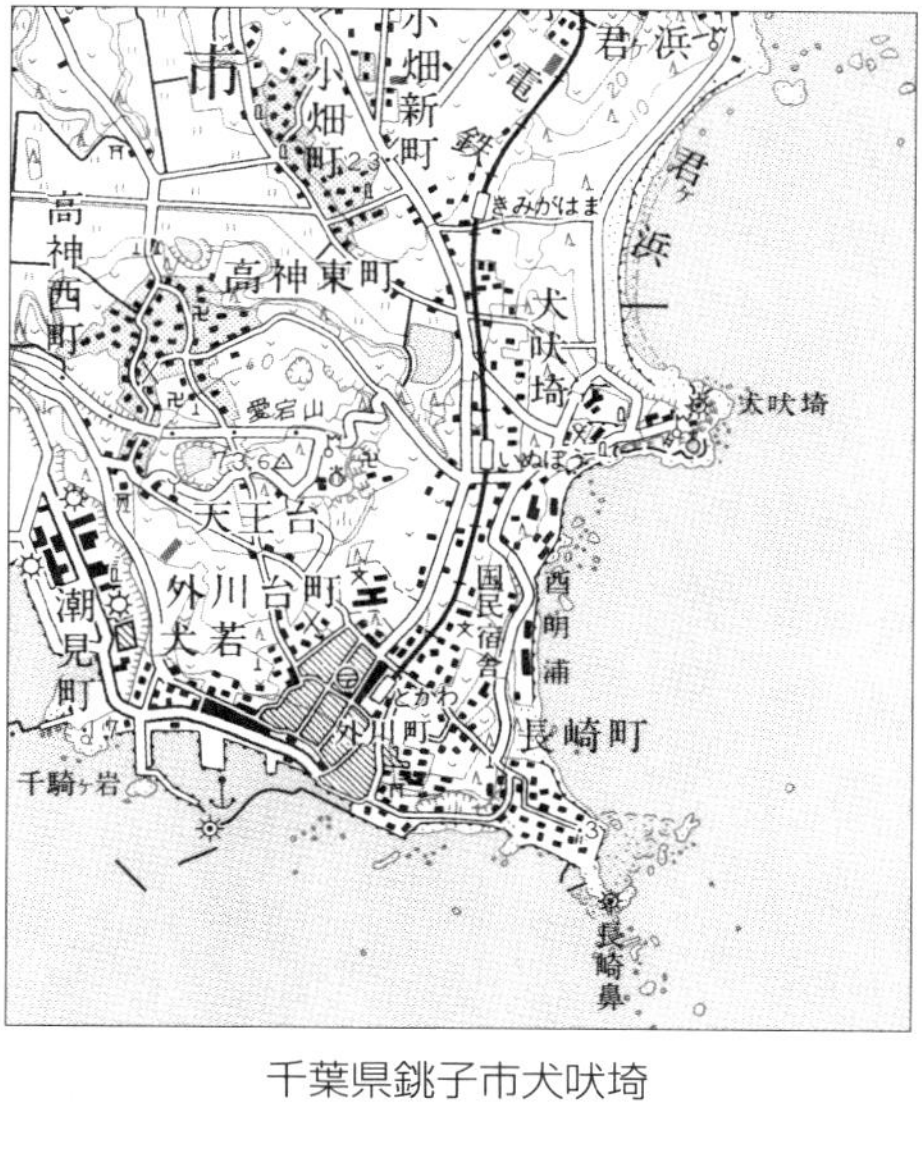

千葉県銚子市犬吠埼

鹿児島県南さつま市坊津《ぼうのつ》町坊《ぼう》も崩壊地形を示す地名で、古代から大陸との交流のあった港だが、遣唐使の宿坊にちなんだ地名ではない。坊津町の南端には坊岬があり、険しい断崖絶壁になっている。

内陸にあるボウ地名には、栃木県塩谷町東房《ひがしぼう》、千葉県八街市太郎坊、神奈川県大井町坊村、愛知県南知多町土々坊、徳島県三好市猫坊、大分県杵築市三光坊などがあり、山の名では愛媛県松山市の興居島《ごご》に犬吠山がある。

秋田県鹿角市には犬吠森《いぬぼえ》があるが、この森には秋田マタギ伝説があり、秋田犬の元祖「シロ」の遠吠えにその名前の由来を求めている。

対馬市美津島町犬吠

【コラム⑥　岬と地名】

ミ（接頭語）・サキ（先・前）で、海や湖に飛び出している陸地の先端だけではなく、内陸の平野などにおいても尾根などが突き出た場所を示す。

各地のミサキには北海道の襟裳岬、千葉県の犬吠埼、新潟県の出雲崎《いずもざき》、島根県の日御碕《ひのみさき》など、いくつかの漢字が用いられている。

漢字の字義としては、「岬」は山の側面や狭間を示し、「崎」や「埼」は山の険しいところや出っ張ったところ、「碕」は曲がった岸辺を意味するが、それぞれのミサキ地名に特別な意味があるわけではない。

静岡県の御前崎《おまえざき》は、サキ（前）とサキ（崎）が重複した地名で、まさにミサキ地名の代表格といえる。

青森県の津軽半島にある龍飛崎《たっぴざき》は、津軽海峡に突き出た半島の先端を示す「とっぴ（突飛）」の転と考えられる。地元では本来の意味に近い発音で単に「たっぴ」と呼んでいるが、流行歌に唄われて以来「たっぴみさき」という呼称が流布するようになった。

塩地名のほとんどは塩とは関係がない

塩山《えんざん》（山梨県甲州市）

町の中央に鎮座する「塩《しお》ノ山」に由来する。

塩ノ山の由来について製塩燃料の木材を伐採した山だとか、岩塩が採掘されていた山とかいわれるが、このあたりで塩が産出されたかどうかはっきりしない。

山頂から四方が良く見渡せるとか、甲府盆地のどこからでもよく見えることを示す「四方山《しほうのやま》」に由来するとの俗説は、『古今和歌集』で「志ほの山」と詠われていることによる。

塩ノ山はシボの山の転で、シボはシボ（萎）むとかシオ（萎）れるを語源とし、甲府盆地の平らにポツンとあって、遠方から見ると確かに小さく萎んだ山に見える。

栃木県鹿沼市塩山《しおやま》町には塩山という山はないが、おそらく背後にある丘陵性の山が萎んで見えたのだろう。また、南アルプスにある塩見岳《しおみ》は、シオ・ミ（接尾語）で、枝がしなるように山の稜線が萎《しお》れていることに由来する。

新潟県南魚沼市塩沢《しおざわ》、長野県塩尻市塩尻、上田市の塩田平《しおだいら》などのように、全国各地の塩《しお》地名の多くは、萎んだ地形から来ているが、まれに岩塩や火山性噴出物にちなむところがある。

「塩の里」と言われる長野県大鹿《おおしか》村には鹿塩川や塩川が流れ、古くから「山塩」と呼ばれる塩が採取されてきた。この村には中央構造線にそって湧き出る温泉や山塩に由来する鹿塩、大塩、小塩、塩河、塩原などの地名がある。

なお、塩地名の多い長野県には、シオを強い粘性のある土壌とする説がある。

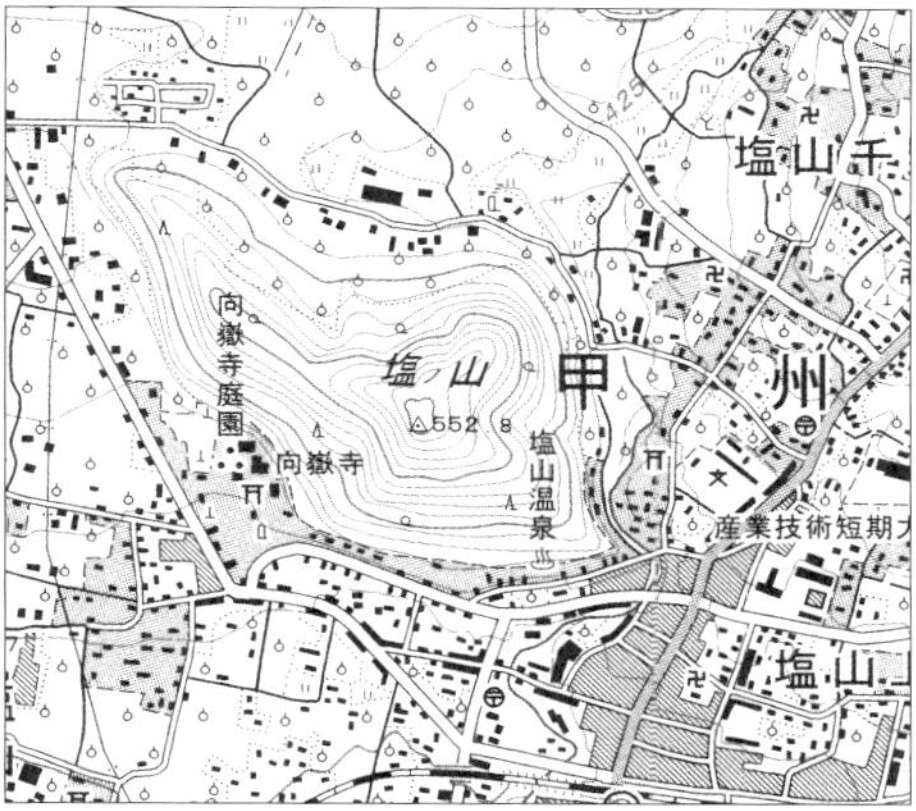

山梨県甲州市塩ノ山

塩山町バス停（栃木県鹿沼市塩山町）

意外にさまざまな由来を秘めるオトメなのだ

乙女《おとめ》峠（神奈川県箱根町）

静岡県御殿場市から神奈川県箱根町仙石原へ越える乙女《おとめ》峠は、長野県小谷《おたり》村から新潟県妙高《みょうこう》市に越える乙見《おとみ》山峠と同じく、尾根が凹形にへこんだ所を示すホト（秀処）・マ（間）か、ホト・ベ（辺）が転じた地名だ。

岩手県宮古市田老乙部《おとべ》、愛知県豊田市乙部《おとべ》町なども同じように凹《へこ》んだ谷を示す。凹地を示すオトから転じたウト地名では、青森県三戸《さんのへ》町や神奈川県中井町の宇藤坂《うとうざか》や長野県塩尻市の善知鳥《うとう》峠、全国各地に多い謡《うとう》坂なども同じ地形地名だ。

仙石原にはここに住む父親孝行の娘の不憫な死の霊を哀れみ、乙女峠と命名されたという地名伝説が残っているが、仙石原に小田原藩の番所があって警護したので、御留《おとめ》峠といったことに由来するという説もある。東京都新宿区の「おとめ山公園」は幕府の禁猟区である「御留山《おとめ》」に由来する。

栃木県小山市乙女は、かつては御止や音女と書いたこともあるが、思川《おもいがわ》の河岸段丘の崖を示すオチ（落）・べ（辺）の転と考えられる。

長野県小諸市乙女は、北川とその支流が勢いよく流れる音に由来するオト（音）・

べ（辺）が訛ったと考えられる。
滝の名前に乙姫や乙女が多いのは、その轟く音に由来するからだ。

乙女峠バス停（静岡県御殿場市）

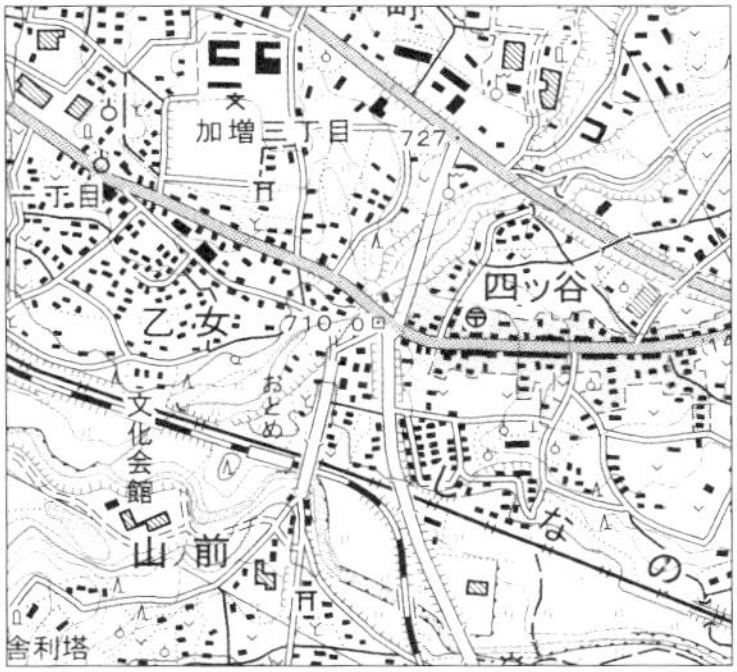

長野県小諸市乙女

狭山は入間と同じ地形由来の地名

狭山《さやま》（埼玉県狭山市）

狭山の地名はお茶と「入間川七夕まつり」で有名な狭山市のほか、隣接する埼玉県入間《いるま》市狭山台、狭山ヶ原、所沢市狭山ヶ丘、東京都東大和市狭山などがあり、ダム湖周辺には都立狭山自然公園や埼玉県立狭山自然公園などもある。

狭山丘陵をめぐるこの一帯は、東京と埼玉にまたがる広い地域を示し、今も武蔵野の原野を色濃く残している。

狭山市は市役所が入間川一丁目にあり、昭和二十九年に入間郡にあった入間川町、入間村、堀兼村など六か町村が合併してできた。その際、シンボルの入間川が流れているにもかかわらず、新しい市の名前を入間という郡名とすることもなく、このあたりの名産、狭山茶の産地でもあったので狭山市とした。

狭山市に遅れて昭和四十一年に市制をしいた入間市は、南部に狭山丘陵が広がっており、むしろ狭山の名にふさわしいのだが入間郡からその名をとった。

西武鉄道狭山市駅はかつて入間川駅と称していたように、狭山と入間が錯綜してややこしいが、狭山市が先にすんなり入間市としていれば、入間市がごく自然に狭山市と称したであろう。

狭山は狭山丘陵の山林に挟まれた場所を示すというのは、山の字にこだわった俗説で、サ（狭）・ヤ（谷）・マ（間）かサワ（沢）・マ（間）の転で、狭い谷間や細長い谷を示す。

狭山丘陵には大小いくつかの谷が刻まれているが、そのうちでも柳瀬川と北川のつくった二つの大きな侵食谷にダム湖の狭山湖と多摩湖がつくられた。

大阪府大阪狭山《おおさかさやま》市の由来も同じで、羽曳野丘陵と狭山丘陵に挟まれた谷には古代に築かれた狭山池がある。

一方、入間は古くは「いりま」と発音していたが、入りこんだ狭い谷のことで、狭山と同じ地形を示す地名だ。

東京都調布市入間《いりま》も、世田谷区と狛江市との境にあり、野川のつくった入りくんだ谷間にある。

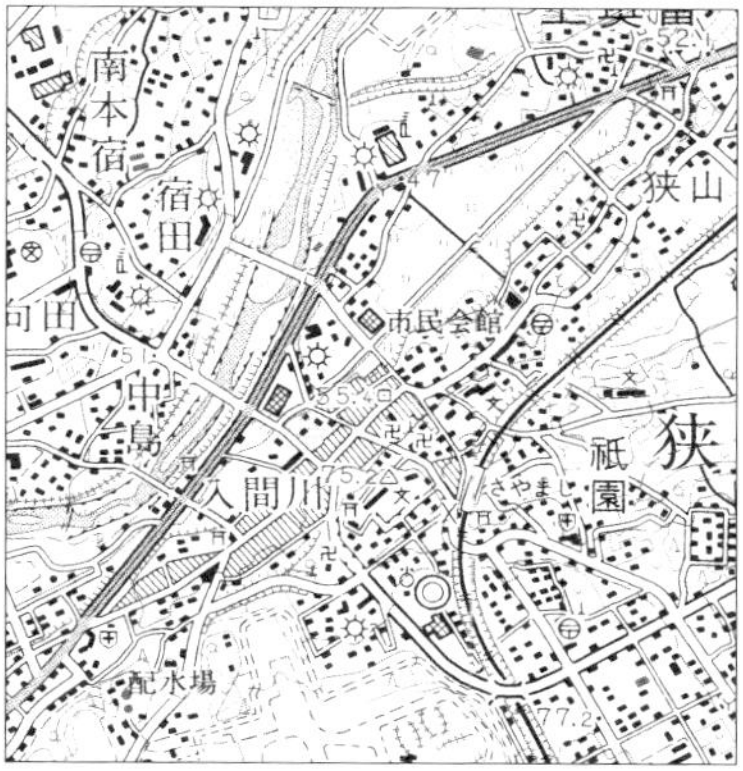

埼玉県狭山市入間川

大阪狭山市

誰も戦っていない広い原っぱ
戦場ヶ原《せんじょうがはら》（栃木県日光市）

中禅寺湖菖蒲ケ浜から地獄川を遡ると、小さな赤沼を抱いた広い高燥湿原がある。奥日光といわれるこのあたりは、かつての湖が干上がって出来た大湿地帯で、その名も勇ましく戦場ヶ原というが、ここには野州男体山の神と上州赤城山の神が中禅寺湖をめぐって戦ったという地名伝説がある。

戦場の語源はセンジョウ（千畳）であり、畳千畳に値するほど広い場所を表す日本語独特の言い回しによるもので、「千変万化」や「千尋の滝」にある「千」と同じで、事を大げさにあらわしたものだ。

広い場所を素直に千畳と表記した地名として、湘南平ともいわれる山上台地の神奈川県大磯町の千畳敷、日本海を展望できる山口県長門市の千畳敷、瀬戸内海展望の絶好地である徳島県鳴門市の千畳敷など各地に多い。

なお、栃木県那須塩原市戦場《せんば》、佐野市仙波《せんば》、群馬県甘楽町戦場、埼玉県皆野町戦場などは、セ（狭）バ（場）の転で、長野県塩尻市洗馬《せば》と同じく狭い谷を示す。

酒器のお銚子に由来すると決めつけてはいけない

銚子《ちょうし》（千葉県銚子市）

利根川河口にある銚子はかつて銚子口といったが、利根川河口が酒器のお銚子の口に似ていることに由来する。

同じくお銚子にちなむ地名として、北海道亀田郡七飯《ななえ》町銚子口は大沼から流れ出る

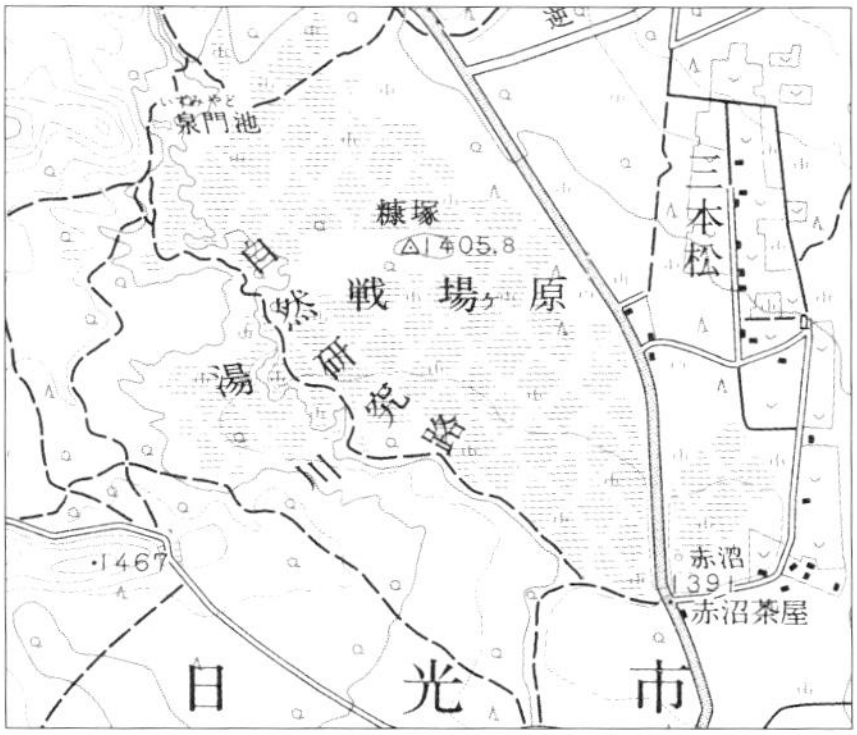

栃木県日光市戦場ヶ原

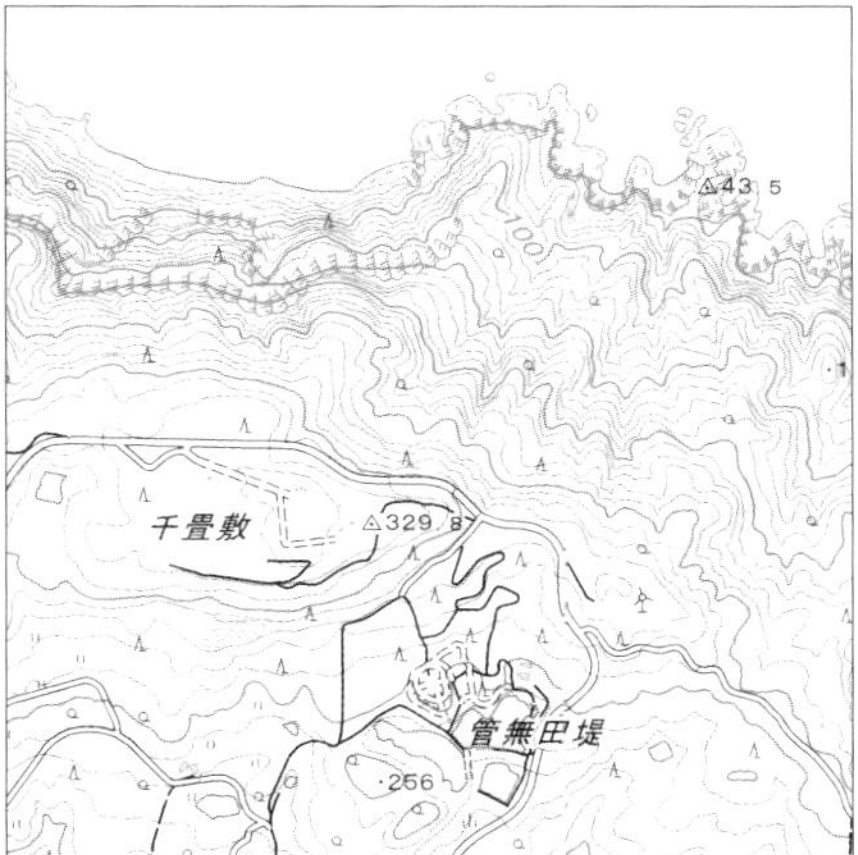

山口県長門市千畳敷

折戸川の出口にあり、福島県会津若松市銚子ノ口は猪苗代湖から流れ出る日橋川の出口にある。また、愛媛県愛南町銚子ノ口は、小さな湾の出入口が銚子の口の形に似ている。

銚子にはこれとは違う由来の地名がある。急傾斜や断崖の崩壊地形を示す言葉のタフシ（倒）がチョーシに転じた地名で、北海道函館市銚子町、石川県金沢市銚子町、島根県隠岐の島町銚子などがある。

青森県十和田市の奥入瀬《おいらせ》川にかかる銚子大滝、高知県大川村の大平川にある銚子滝などは語源にふさわしい断崖にある。

三重県紀北町を流れる銚子川は紀伊山地を険しく刻んで熊野灘に注いでいる。

尾張名古屋だけが名古屋ではない
名古屋《なごや》（成田市）

下総台地にあり、根古屋、館ノ内などの小字があることから、中世の城館の城下にある豪族屋敷村を示すネゴヤ（根古屋・根小屋）に由来する地名だ。

ネゴヤがナゴヤに転じて、名小屋と書くこともあったが、ナゴはそこの和《なご》やかな地形を意識したもので、名古屋の表記は尾張名古屋を念頭においたと考えられる。

中世の猪苗代城の城下町である福島県猪苗代町は、猪苗代湖の北に広がる広い平地にある。ほかに、千葉県八街市根古谷《ねごや》、新潟県魚沼市根小屋、静岡県沼津市根古屋など各地に多くある。

愛知県名古屋市は古くは那古野、名護屋などと書かれたが、西区から中村区にまたがる那古野に由来し、ナゴノやナゴヤと称した平地を示している。

神奈川県秦野市名古木《ながぬき》は、ナゴノキの転でナゴ地名と考えられ、福島県楢葉町山田岡名古谷《なごや》、静岡県伊豆の国市奈古谷《なごや》なども和やかな地形に由来する。

千葉県成田市名古屋

千葉県成田市名古屋

箱の形の山ってどの山のことだろう

箱根山《はこね》（神奈川県箱根町）

名勝箱根山は箱の形をした山に由来するというのは俗説だ。ハコ・ネ（峰）のハコは、急な崖や斜面を示すハケが訛ったもので、険しい峡谷にある垂直の壁で囲まれている場所を「ハコ」ともいい、箱は垂直の壁でできた入れ物だからそう呼ぶのだ。箱根山は、カルデラ式火山の外輪山（金時山・三国山・明星ヶ岳など）と中央火口丘（神山・駒ヶ岳・二子山など）の総体をいい、芦ノ湖西岸は外輪山の内側特有の急崖を示し、東岸にはトロイデ式火山の神山や駒ケ岳からの急斜面がある。

東京都瑞穂町箱根ヶ崎《はこねがさき》は狭山神社や瑞穂ビューパークのある狭山丘陵の先端が、急な崖になっているところを示し、山形県小国町箱口《はこのぐち》、茨城県行方市浜箱根、香川県三豊市詫間町箱《はこ》なども同じ地形地名を示す。

北海道小樽市銭函《ぜにばこ》は、ニシン漁で儲けた銭を納める箱に由来するのではない。ゼニはセ（狭）・ニ（接尾語）の転で狭いところを示すから、銭函は急崖下の狭い海岸で、北海道厚岸《あっけし》町銭函と同じくその地形を良くあらわした地名だ。

神奈川県箱根町箱根山

神奈川県箱根町元箱根

北海道函館《はこだて》市は、豪族の館が箱に見えたことに由来するというのは俗説で、ハケ（崖）・タテ（立）が語源で、高くて急な崖のある函館山からとったものだ。

東京の日暮里とは由来が違う

日暮《ひぐらし》（松戸市）

ヒク（低）・ラ（接尾語）が転じたヒグレを日暮と書いてヒグラシと呼んだものと

考えられ、稔台、常盤平、牧の原などに囲まれた国分《こくぶ》川沿いの低い土地を示す。

「ひぐらしの里」といわれる東京都荒川区日暮里《にっぽり》は、江戸時代中期に新堀《にいほり》と称していたが、その音を転じて当て字の日暮里と書くようになったものである。

新堀は開墾地を示すニイハリ（新墾）が転じたものか、新しい集落を示すといわれている。

馬が膝を折った程度では地名にはならない
膝折《ひざおり》（埼玉県朝霞《あさか》市）

中山道の脇街道である川越街道有数の宿場町として栄えたが、歩くと膝が折れるほどきつい坂道にちなむ地名ではない。

キザ（刻・削）・オリ（降・下）の転で、削り取ったような崩れやすい急な斜面を示す。現地は黒目川の刻んだ深い谷になっており、野火止などの台地との間に急な坂が多くある。

秩父の某判官が江戸へ向かう途中、愛馬の鬼鹿毛《おにかげ》が、膝折付近の急坂で膝を折った事から膝折という地名になったなど、ここにはいくつかの地名伝説がある。

愛知県には数キロメートルに隣接して三つの膝折地名（大府市横根町膝折、東海市大田町膝折、東浦町緒川膝折）が三角形をなしてあるが、このあたりでは急斜面をあらわす言葉を膝折とする地名癖があったのだろう。

類似地名として、山形県大蔵村肘折《ひじおり》は崖を示すヒジ地名で、銅山川の谷平野にあるが背後は急な河岸段丘の崖になっている。

埼玉県鶴ヶ島市脚折《すねおり》はス（砂）・ネ（峰）・オリで、砂質の台地から降りるところを示す。

埼玉県朝霞市膝折町

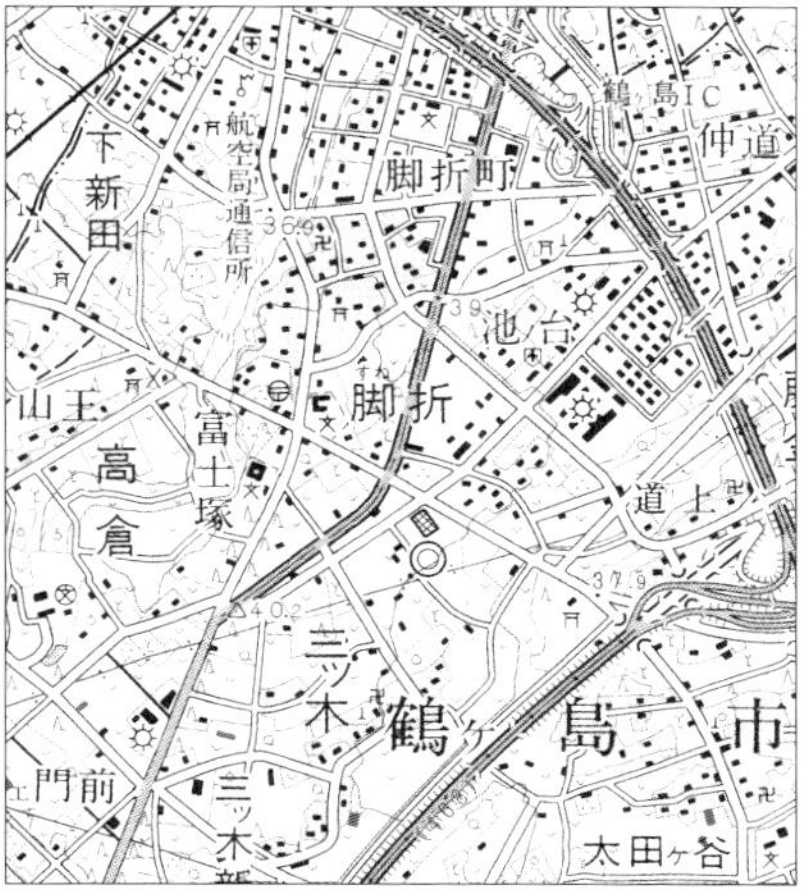

埼玉県鶴ヶ島市脚折

美女に憧れる人たちが名づけたに違いない

美女木《びじょぎ》（埼玉県戸田市）

江戸時代の『新編武蔵風土記稿』に「都から美しい官女が何の訳あってか当地に来たことから、美女来というようになった」とある。この地名伝説は何のひねりもなく、漢字そのままのあまりいただけないものである。

ビショ・ギ（接尾語）の転で、ビショビショのじめついた湿地を示し、美女木の対岸には、荒川を挟んで埼玉県朝霞《あさか》市田島美女《びじょ》がある。この付近は三方を黒目川と新河岸川に挟まれた湿地帯になっていて、美女木と地形的にも似ている。

そこには、うつくしさまとして親しまれている美女神社があり、『新編武蔵風土記稿』に「美《うつくし》宮は村の北にあり宇津久志の宮という」とある。

新潟県十日町市新座美女木は、湧き水を利用して猫の額ほどの水田を営んでいた集落だが、今はその僻遠性によって廃村になっている。

福島県二本松市美女木は、安達太田川の谷合いにある小集落だ。

美女の地名は、高原の湿地にもあり、「立山黒部アルペンルート」の富山県側にある立山ケーブルカーの終点には高燥湿原の美女平《びじょだいら》が広がっている。

岐阜県高山市の美女峠は、飛騨国と信濃国を結ぶ野麦街道にある峠で、峠を下ったところにある美女ヶ池周辺の湿地には水芭蕉の群生地もある。

福島県大沼郡昭和村野尻から三島町間方《まがた》に抜ける美女峠、島根県奥出雲町美女原《びじょはら》、鳥取県江府《こうふ》町美女石《びじょいし》などがある。

美女神社（埼玉県朝霞市）

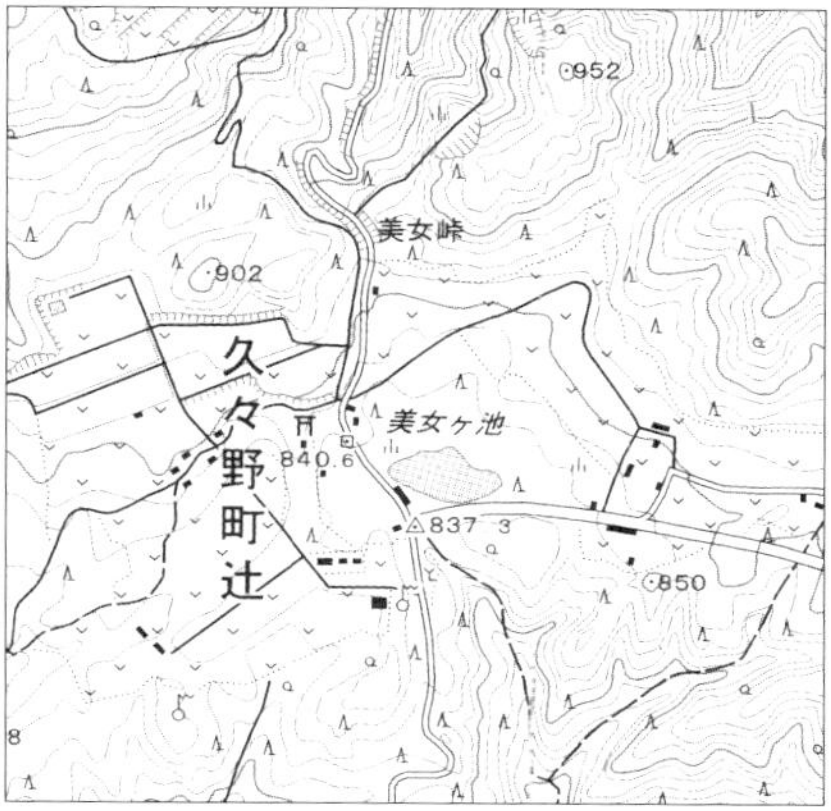

岐阜県高山市美女峠

仏師や附子に由来するのではない
仏子《ぶし》（埼玉県入間市）

仏師や薬草の附子《ぶし》に由来するという俗説がある。

ブシはフシ（節）の転で、地形的に何らかの節目や結節点を示し、段丘崖や丘陵の先端部を示す。

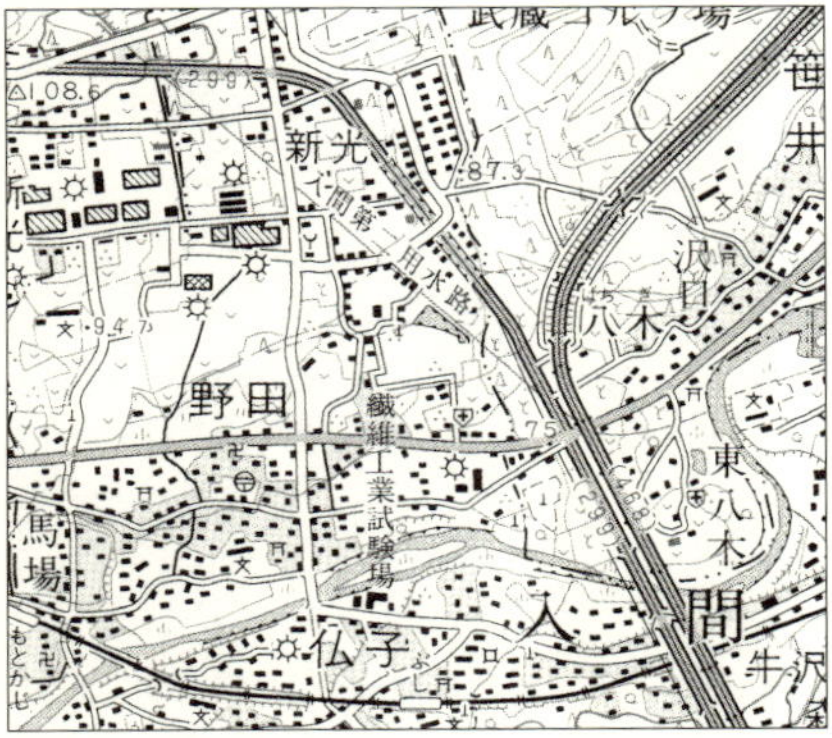

埼玉県入間市仏子

西武仏子駅（埼玉県入間市仏子）

仏子はかつて仏師村と称していたこともあるが、入間川右岸にある仏子小学校付近の段丘崖にちなむ地名である。

徳島県三好市山城町仏子《ぶっし》は、吉野川の支流仏子谷川の険しい谷にある。

広島県東広島市西条町武士《ぶし》には段丘崖にかかる落差の小さい武士滝がある。

栃木県鹿沼市武子《たけし》は武士と仏子が合体したような地名だが、ブシの呼び方が変化したものかもしれない。

千葉県市原市武士《たけし》も武子、竹子などと表記されたこともあるが、フシ地名と考えられる。

各地のホシ地名もフシの転じたものが多く、名古屋市南区星崎や大阪府枚方《ひらかた》市星丘《ほしがおか》などは台地の崖にちなむ地名だ。

ヤンバと読むのにはそれなりの理由《わけ》がある
八ッ場《やんば》（群馬県長野原町）

八ッ場付近は、関東耶馬溪《やばけい》と称される国指定名勝の「吾妻峡」になっている。

八ッ場の地名由来は難解で、矢場《やば》や谷場《やば》が訛ったものとか、八つの穴場があったことによるなどの説があるが、どれも八ッ場をヤンバと呼ぶ理由については言及していなくて説得力に欠ける。

また、簗場《やなば》があったことによるとの説があるが、上流に名湯草津温泉や浅間山、四阿《あずま》山、白根山などの火山を控えた吾妻川は、往古から悪水が流れおよそ魚が住めるはずもなく、落ち鮎を追い込む施設の簗場があったとは考えられない。

ヤンバはヤバイとかヤバ（裂）くに使われるヤバに由来し、促音便のヤッパから撥音便のヤンバに変化したもので、ヤッパを八ッ場と表記し、発音はヤンバになっているのだ。現地は吾妻川が大地を裂《やば》いた峡谷をなしており、まさに　ヤッバイ地形になっている。

ヤバといえば、大分県中津市の山国川流域に広がる景勝地の耶馬溪《やばけい》や福岡県那珂川町の那珂川上流にある筑紫《ちくし》耶馬溪も同じ語源で、奇岩怪石の険しい渓谷美を誇る。

昭和二十二年に出来た群馬県の郷土カルタの「上毛《じょうもう》かるた」では、「や」の札に「耶馬溪しのぐ吾妻峡」とある。つまり、八ッ場付近は関東耶馬溪と称されるだけあって

群馬県長野原町八ッ場

九州の耶馬溪をライバル視して、かるたにしたためたと考えられる。

ユイは奥深いことばだ

由比ガ浜《ゆいがはま》（神奈川県鎌倉市）

漁村に多い共同作業のユイ（結）慣行に由来する説があるが、相模湾に面した長い海岸線の地形から、風で砂が揺《ゆす》り上げられた砂浜を示すユリの転と考えられる。

ユリ地名では、宮城県名取《なとり》市閖上《ゆりあげ》があるが、そこは砂質の広い海岸平野になっている。

京都府宮津市由良《ゆら》もユリが転じたユラで、由良川の河口付近にある砂浜海岸だ。山形県鶴岡市由良、兵庫県洲本市由良、兵庫県香美町油良、愛媛県松山市興居島《ごご》の由良、島根県西ノ島町由良、山口県周防大島町油良等がある。

ユイはユが転じた険しい地形にも見られ、静岡市清水区由比《ゆい》には駿河湾に面した険しい海岸がある。

山間地では崖や急斜面にちなむ湧水地にもユイ地名が見られ、福島県二本松市油井、長野県軽井沢町油井、静岡県島田市湯日《ゆい》、香川県観音寺市油井などがある。

小さな漁港の島根県松江市鹿島町手結《たゆ》は結慣行にちなむと考えられる。

四つの街道に由来するのではない
四街道《よつかいどう》（千葉県四街道市）

ＪＲ四街道駅の西には、四街道地名発祥の地とされる十字路があり、そこには明治十四年（一八八一）に立てられた道標がある。その表裏と側面にはそれぞれ「東登宇がね馬渡道　西東京船橋道　南千葉町道　北成田山道」と刻んである。

明治十五年の「迅速測図」によると、四街道の地名が畔《あぜ》田《た》村の小字に見えるが、四つの街道がそこにあったことを示す記録はなく、四街道市の近世においては、南部に御成街道と東部に千葉街道がかすめるように通過していたに過ぎなかった。

江戸から明治になり、国家的事業の一環として従来の主な道路を馬車道として拡幅整備したときに、各地の交差点に道標を設置したが、この道標もその一環として、単に二つの道が交差しているところに四方への道案内として設置されたもので、道標の願主である畔

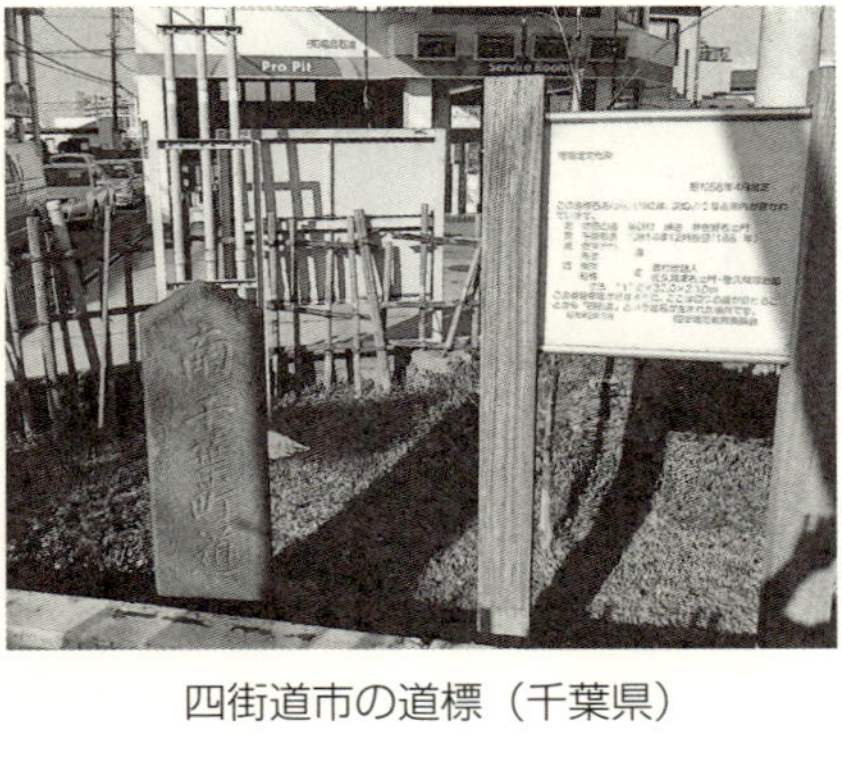

四街道市の道標（千葉県）

田村の林佐野右エ門も小字であった四街道の地名をことさら意識したとは考えられない。

よもやであるが、当時の人が四街道の地名を意識し、そこにあった十字路に目をつけ、ここが四街道の地名発祥の地だとばかりに四つの道を道標に刻んだのなら、それは四街道の地名由来を説明するために後付で物証をつくったことになる。

昭和三十年に、千代田町と旭村が合併して小字の四街道を町名にしたいきさつは、「千代田だの旭だのいってる間もなく、俗称の四街道が先走ったんだ」と『四街道の歴史・創刊号』に見えるように、明治二十七年に設置された私設総武鉄道の「四街道駅」や十字路に立つ道標の存在が大きく影響したと考えられる。

この道標は昭和五十八年四月に市指定文化財となり、ここが四街道という地名が生まれた場所だと記された標示板が昭和六十二年二月に立てられている。

千葉県四街道市四街道

四街道のすぐ南の四街道市和良比《わらび》にも小字に四ツ海道《よつかいどう》の名がみえることから、四街道や四ツ海道は、台地の間にある低地の集落を示すヤチ（谷地）・カイト（垣内）が転じたヨツカイドに由来すると考えられる。

四街道市の小字に、亀崎坂ノ谷津《やつ》、小名木寺谷津、上野谷津、鹿渡谷津田《やつだ》、吉岡竹ノ谷津などの谷地地名があることも地形由来説を裏づけていると考えられる。

また、千葉県旭市八木海道谷津《かいどうやつ》、東京都青梅市友田町四ッ谷改戸《よつやがいと》なども、垣内に由来する谷地地名を示唆している。

各地に見られるカイドウ地名には中世以降の新開地などを示す垣内《かいと》集落が多く見られ、茨城県常総市水海道《みつかいどう》、千葉県成田市成毛水海道《みずかいどう》、佐倉市羽鳥外海道、船橋市山野町境海道などがあり、神奈川県愛川町下之街道《したのかいどう》、岐阜県揖斐川町鍛冶街道《かじかいどう》なども垣内に由来すると考えられる。

栃木県那須塩原市鍋掛《なべかけ》湯街道や千葉県袖ヶ浦市鎌倉街道など、街道を示す地名もあ

栗原四ツ角バス停（山梨市栗原）

るので注意が必要だ。

また、この十字路を地名発祥の地とするなら、古くから土地の人が単にそこを「四ツ角《よつかど》」と呼んでいたということから、それが訛って「よつかいど」になり、幸運にも付近にあった四街道の字名と合致したとも考えられる。

全国にある四ツ角の地名には、千葉県山武《さんむ》市白幡四ツ角、茨城県美浦村木《き》四ツ角、新潟市沼垂《ぬったり》四ツ角、山梨県山梨市栗原四ツ角などがある。

おわりに

東京をはじめ各地を歩いて思うことは、豊島区の池袋や千駄木の団子坂などに限らず、地名の由来についての標示板が俗説に満ちているということだ。地名由来に関する書物がいくつか出版され、その著者がそれぞれ指摘しても、なかなか改訂されないのが現状だ。書き換え費用のこともあるだろうが、一つの考え方で一旦設置してしまうとその説が一人歩きし、それがあたかも通説のようになっていることが懸念される。最近の研究により新しい事実が発見されたり、より真実に近いと思われる新説も出ている。今後、各自治体においては標示板をあらためて検証され、新たに改訂するか少なくとも諸説を並記することなどの柔軟な対応を強く願う。

特に、国際都市を標榜する東京ならば俗説を廃し、より真実に近い地名由来の標示板をきちんと整備して内外に示して欲しいものだ。

長野県上田市から群馬県嬬恋《つまごい》村に越える鳥居峠には、ここで日本武尊が亡き妻の弟橘姫《おとたちばなひめ》を偲んで「アヅマハヤ（ああ私の妻よ）」と嘆いたという伝説が残っている。群馬県吾妻《あがつま》郡や嬬恋村の名前もこの伝説によっているといわれ、この峠から東をいわゆる東国《あずまのくに》というようになったとされる。

東国はかつて東夷《あずまえびす》が割拠した地といわれているが、はたして埼玉県熊谷市小八林《こやつばやし》夷子《えびす》はその遺称なのであろうか。

関東地方には、東日本特有の地名が驚くほど数多くある。

それは、板、駒、宿、谷、込、袋、巻などの漢字を用いた地名で、台地と谷でできた関東平野の地形的な特徴を忠実に表現している。

東日本は古代から中近世にかけて新しく開墾された地域が多く、古い歴史を誇る畿内をはじめとする西国の地名と比べると、歴史文化地名の発生が遅いこともあるが、同じころ拓かれた似たような地域にはためらいなく同じ地形地名をつけたものと考えられる。

ある年の初夏のころに、常陸国にある武蔵野の地名に興味を引かれ、茨城県行方市の各地を訪ねた。小字の武蔵野は小貫地区では地区の班の名に残っており、そこの理容店のご主人に探していただいた武蔵野地名の痕跡は、なんと電柱の古びたプレートにかろうじて読み取れる状態だった。

ここには広大な畑が広がっており、埼玉県所沢市周辺の武蔵野の原野を思わしめる台地であった。その後、武蔵野地名の由来について行方市麻生公民館を訪問してうかがったり、北浦公民館など各方面に問いあわせをいただくも判明しなかったが、皆さんに感謝して辞することとなった。

帰途、千葉県四街道市の図書館では市史などを紹介していただき、同市の教育委員会事務局では担当の方などから四街道の地名由来についていくつかの示唆に富んだ話を聞くことができた。

また、渋谷区初台を訪れた折、幡代小学校横の「玉川上水旧水路緑道《りょくどう》」で草取りをされていたご年配にその辺の地形について詳しくうかがったり、板橋区小豆沢公園でゲートボールを楽しんでいた皆さんからは、昔の小豆沢の様子を聞くことができた。

このようにほかにも各地で多くの方々にたいへんお世話になり、皆さんの親切な応対には取材の旅の疲れを忘れさせるものがあった。

本当にありがとうございました。

最後に、本書の上梓にあたり適切なご指導やご助言をいただいた、まつお出版の松尾一氏に深く感謝する。

平成二十七年秋

山内和幸

主な参考文献

地名の語源	鏡味完二　鏡味明克	角川書店	昭五二・一〇
日本語の語源	田井信之	角川小辞典	昭五三・一〇
日本地名事典	吉成　勇	新人物往来社	昭五四・五
角川日本地名大辞典　東京都		角川書店	昭五三・一〇
国鉄全駅ルーツ大辞典	池田末則監修	竹書房	昭五四・一〇
日本地名基礎辞典	池田末則	日本文芸社	昭五六・七
地名用語語源辞典	楠原佑介　溝手理太郎	東京堂出版	昭五八・九
地名語源辞典	山中襄太	校倉書房	平七　・四
市町村名語源辞典	溝手理太郎	東京堂出版	平一三・九
東京の地名がわかる事典	鈴木理生編著	日本実業出版社	平一四・二
地名苗字事典	丹羽基二	柏書房	平一四・三
東京都の地名　日本歴史地名体系		平凡社	平一四・七
日本の地名雑学事典	浅井建爾	日本実業出版社	平一八・二
東京の地名由来辞典	竹内　誠編	東京堂出版	平一八・五

日本古代地名辞典　吉田茂樹　新人物往来社　平一八・九
日本の地名　鏡味完二　角川新書　昭三九・五
地名の研究　柳田国男　角川文庫　昭四三・一一
地名をさぐる（雑誌地理所収）　松尾俊郎　古今書院　昭四五・三
都道府県名と国名の起源　吉崎正松　古今書院　昭四七・一一
地図と地名　山口恵一郎　古今書院　昭四九・一一
日本古代地名の謎　本間信治　新人物往来社　昭五〇・七
地名を歩く　山口恵一郎　新人物往来社　昭五一・四
地名伝説の謎　楠原佑介　本間信治　新人物往来社　昭五一・六
日本の地名　松尾俊郎　新人物往来社　昭五一・一一
地名　丹羽基二　秋田書店　昭五一・一二
地名を考える　山口恵一郎　NHKブックス　昭五二・五
地名の知識100　池田末則ほか　新人物往来社　昭五二・九
地名の由来　吉田茂樹　新人物往来社　昭五四・二
地名のルーツ　吉田允義　オーエス出版　昭五四・一二
名古屋の地名　水谷盛光　中日新聞　昭五五・四

地名と風土	谷川健一編	小学館	昭五六・一二
地名の世界（雑誌地理所収）	地名研究協議会	古今書院	昭五七・七
地名不思議学	丹羽基二	鷹　書房	昭五七・一一
日本の地名	谷川健一ほか	講談社	昭五七・一二
新・地名の研究	千葉徳爾	古今書院	昭五八・九
地名の論理	山口恵一郎	そしえて	昭五九・一二
地名の古代史　九州篇	谷川健一　金達寿	河出書房新社	昭六三・八
地名学について（歴史と地理所収）	池田末則	山川出版社	平元・三
民俗・地名・そして日本	谷川健一	同成社	平二・八
地名研究入門	都丸十九一	三一書房	平七・二
日本の地名の意外な由来	日本博学倶楽部	ＰＨＰ文庫	平七・六
日本の地名	谷川健一	岩波新書	平九・七
日本地名さんぽ	浜田逸平	朝日文庫	平一一・三
地名の民俗誌	千葉徳爾	古今書院	平一一・四
地名の歴史学	服部英雄	角川書店	平一三・四
地名の謎	今尾恵介	新潮ＯＨ文庫	平一三・一一

四街道の歴史　創刊号　四街道市教育委員会　平一四・三
東京・江戸地名の由来を歩く　谷川彰英　ベスト新書　平一五・七
地名語彙の開く世界　上野智子　和泉書院　平一六・一
続駅名で読む江戸・東京　大石　学　ＰＨＰ新書　平一六・四
日本地名学を学ぶ人のために　吉田金彦　糸井通浩　世界思想社　平一六・一一
47都道府県地名うんちく大全　八幡和郎　平凡社新書　平一八・一一
日本超古代地名解　古川純一　彩流社　平一九・一
坂の町・江戸東京を歩く　大石　学　ＰＨＰ新書　平一九・九
地名の話　北嶋廣敏　毎日新聞社　平二〇・二
こうして新地名は誕生した　楠原佑介　ベスト新書　平二〇・四
地名の社会学　今尾恵介　角川選書　平二〇・四
鎌倉の地名由来　三浦勝男編　東京堂出版　平二〇・一一
江戸東京残したい地名　本間信治　自由国民社　平二一・一一
日本の地名　浅井建爾　日本実業出版社　平二三・一
本当は怖い日本の地名　日本の地名研究会　イーストプレス　平二三・二
都道府県名の由来　谷川彰英　東京書籍　平二三・九

日本の地名　筒井　功　河出書房新社　平二三・一
東京の地理　正井泰夫監修　青春新書　平二三・二
この地名が危ない　楠原佑介　幻冬舎新書　平二四・四
恵奈の地名由来と恵那雑巾　山内和幸　文昌堂　平二四・四
愛知の地名　中根洋治　風媒社　平二四・四
さいたま市地名の由来　青木義脩　幹書房　平二五・二
「水」が教えてくれる東京の微地形散歩　内田宗治　実業之日本社　平二五・五
信州地名の由来を歩く　谷川彰英　ベスト新書　平二五・七
東京の地名　筒井　功　河出書房新社　平二六・一
船橋の地名を歩く　滝口昭二編著　崙書房出版　平二六・八
江戸・東京間違いだらけの地名の由来　楠原佑介　祥伝社新書　平二六・一一
地名由来　飛騨美濃　山内和幸　まつお出版　平二六・一二
「青」の民俗学　筒井　功　河出書房新社　平二七・三
日本の地名　楠原佑介　河出書房新社　平二七・五

ヤンバ（八ッ場）…… 133
ユイ（油井・湯日）…… 135
ユイガハマ（由比ガ浜） 135
ユウヤケダンダン
（夕やけだんだん）…… 58
ユシマ（湯島）…… 68
ユラ（由良）…… 135
ユリアゲ（閖上）…… 135
ヨコカワ（横川）…… 50
ヨコスカ（横須賀）…… 42
ヨツカイドウ（四街道）…… 136
ヨツカド（四ツ角）…… 139
ヨツヤ（四谷）…… 103
ヨドエ（淀江）…… 33
ヨドバシ（淀橋）…… 31

わ 行

ワセダ（早稲田）…… 70

は　行

ハイジマ（拝島）…… 96
ハギワラ（萩原）…… 34
ハコ（箱）………… 126
ハコダテ（函館）…… 127
ハコネガサキ（箱根ヶ崎）126
ハコネヤマ（箱根山）‥ 126
ハシバ（橋場）……… 27
ハセ（初瀬）………… 98
ハタガヤ（幡ヶ谷）…… 63
ハタヤ（幡谷）……… 63
ハチジョウジマ（八丈島）97
ハッケイザカ（八景坂）‥ 64
ハッコウダ（八甲田）‥ 84
ハツザワ（初沢）…… 97
ハツダイ（初台）…… 66
バッバ（馬場）……… 57
ハトガヤ（鳩ヶ谷）…… 64
ハナゲ（鼻毛）……… 112
ハナダ（花田）……… 99
ハニュウ（羽生・埴生）‥ 98
ハネ（羽）………… 98
ハネダ（羽田）……… 98
ハブ（埴生）………… 99
ヒグラシ（日暮）…… 127
ヒザオリ（膝折）…… 128
ヒジオリ（肘折）…… 129
ビジョ（美女）……… 130
ビジョギ（美女木）…… 130
ビジョダイラ（美女平）‥ 130
ヒトト（一青）……… 82
ヒナタ（日向）……… 99
ヒノ（日野）………… 99
ヒビ（日比）………… 67
ヒビタ（日比田）…… 67
ヒビヤ（日比谷）…… 66
フクロ（袋）………… 25
フクロハラ（袋原）…… 25
ブシ（仏子）………… 132
ブシ（武士）………… 133
フナバシ（船橋）…… 67
ボウノツ（坊津）…… 114
ホシガオカ（星丘）…… 133
ホシザキ（星崎）…… 133
ホドガヤ（保土ヶ谷）‥ 64
ホドクボ（程久保）…… 63
ホボケ（粗毛）……… 110

ま　行

マゴメ（馬込・馬籠）‥ 46
マツエ（松江）……… 4
マヒキザワ（馬引沢）‥ 100
ママ（真間・間々）…… 57
ミカグラ（御神楽）…… 36
ミクラジマ（御蔵島）‥ 101
ミサカトウゲ（神坂峠）‥ 60
ミサキ（岬）………… 115
ミツカイドウ（水海道）‥ 138
ミホノセキ（美保関）‥ 38
ミヤケジマ（三宅島）‥ 102
ミヤザワ（宮沢）…… 102
ムサシ（武蔵）……… 77
ムサシノ（武蔵野）…… 76

や　行

ヤゲンザカ（薬罐坂）‥ 65
ヤナカ（谷中）……… 56
ヤバケイ（耶馬溪）…… 134

スネオリ（脚折）…… 129
スノマタ（墨俣）…… 51
スマタキョウ（寸又峡）‥ 51
セキ（関）………… 38
セキド（関戸）……… 39
セキガハラ（関ケ原）‥ 38
ゼニバコ（銭函）…… 126
セバ（洗馬）………… 122
センカワ（千川）…… 56
センジョウガハラ（戦場ヶ原）
………… 122
センジョウジキ（千畳敷）122
センズ（千頭）……… 56
センダガヤ（千駄ヶ谷）‥ 56
センダギ（千駄木）…… 55
センバ（戦場・仙波）‥ 122

た　行

タカイド（高井戸）…… 3
タカダ（高田）……… 56
タカダノババ（高田馬場） 56
タケシ（武子）……… 133
タッピザキ（龍飛崎）‥ 115
タナシ（田無）……… 89
タバタ（田端）……… 79
ダバ（駄馬）………… 79
タマ（玉）………… 79
タマガワ（玉川・多摩川） 79
タロウマル（太郎丸）‥ 89
ダンゴウザカ（談合坂）‥ 58
ダンゴザカ（団子坂）‥ 57
チクサ（千種）……… 20
チョウシ（銚子）…… 123
ツキジ（築地）……… 62
ツクダ（佃）………… 62
ツクド（津久戸）…… 62
ツル（都留）………… 90
ツルカワ（鶴川）…… 90
ツルガ（敦賀）……… 91
ツルドマリ（鶴泊）…… 91
ツルマ（鶴間）……… 90
ツルマイ（鶴舞）…… 91
ツルマキ（弦巻）…… 62
トウカグラ（十日神楽）‥ 36
トウジンボウ（東尋坊）‥ 113
ドウドウ（百々）…… 94
トシマ（利島）……… 92
トドリ（廿里）……… 93
トドロキ（等々力）…… 94
トビタキュウ（飛田給）‥ 94

な　行

ナガヌキ（名古木）…… 125
ナグラ（名倉）……… 37
ナコソ（勿来）……… 40
ナゴノ（那古野）…… 125
ナゴヤ（名古屋）…… 124
ナルコザカ（成子坂）‥ 60
ナルミ（鳴海）……… 60
ニイジマ（新島）…… 95
ニエド（仁江戸）…… 32
ニッポリ（日暮里）…… 128
ヌマブクロ（沼袋）…… 24
ネゴヤ（根古屋）…… 124
ノゲ（野毛）………… 112
ノジマタ（野路又）…… 52
ノビドメ（野火止）…… 95
ノブカタ（延方）…… 95
ノベ（野辺）………… 95
ノベヤマ（野辺山）…… 96

オキノ（興野）……… 35
オトメ（乙女）……… 118
オトメトウゲ（乙女峠）‥ 118
オドロキ（驚）……… 94

か　行

カグラ（神楽）……… 36
カグラザカ（神楽坂）‥ 36
カスカベ（春日部）…… 42
カスミ（加住・香住）‥ 41
カスミガセキ（霞が関）‥ 40
カツシカ（葛飾）…… 41
カマタ（鎌田・蒲田）‥ 23
カミウマ（上馬）…… 100
カメアリ（亀有）…… 42
カメイド（亀戸）…… 42
カメナシ（亀梨）…… 42
カリヤザカ（仮屋坂）‥ 61
カリヤド（狩宿・借宿） 81
カワ（川）………… 50
カワズル（川水流）…… 90
キヌタ（砧）………… 43
キノカワ（紀の川）…… 49
クサバナ（草花）…… 82
クダンザカ（九段坂）‥ 44
クレハ（呉羽）……… 37
クワノキヤマ（桑ノ木山） 83
ケヌ（毛野）………… 43
コウヅシマ（神津島）‥ 83
コガネイ（小金井）…… 84
コブケ（小浮気）…… 35
コマキ（駒木）……… 85
コマゴメ（駒込）…… 45
コマバ（駒場）……… 47
ゴロウマル（五郎丸）‥ 89

さ　行

サカ（坂）………… 60
サカハマ（坂浜）…… 86
サガノセキ（佐賀関）‥ 39
サヤマ（狭山）……… 119
サルエ（猿江）……… 87
サルクボ（猿久保）…… 87
サルクラ（猿倉）…… 87
サルヤマ（猿山）…… 87
シオザワ（塩沢）…… 116
シオジリ（塩尻）…… 116
シオヤマ（塩山）…… 116
シカハマ（鹿浜）…… 42
シガ（志賀）………… 42
シキネジマ（式根島）‥ 88
シタジュク（下宿）…… 82
シヅガワ（志津川）…… 50
シッケ（尻毛）……… 112
シトネ（褥）………… 82
シトマエ（尿前）…… 82
シナガワ（品川）…… 49
シバ（柴）………… 51
シバマタ（柴又）…… 51
シブヤ（渋谷）……… 52
シボタ（渋田）……… 53
シモスガマタ（下菅又）‥ 52
ショウドシマ（小豆島）‥ 22
ショハナ（初花）…… 98
シラカワ（白河）…… 38
シロカネ（白金）…… 53
シロガネ（白銀・城ヶ根） 54
シロマル（白丸）…… 88
スカガワ（須賀川）…… 42
スガモ（巣鴨）……… 41

地名索引（項目の他、主なもの）

あ　行

アオガシマ（青ヶ島）‥ 74
アオキ（青木）‥‥‥‥ 74
アカバネ（赤羽）‥‥‥ 98
アカマガセキ（赤間関）‥ 38
アキル（秋留）‥‥‥‥ 75
アサ（阿佐）‥‥‥‥‥ 21
アサカ（浅香）‥‥‥‥ 42
アサガヤ（阿佐谷）‥‥ 21
アサクサ（浅草）‥‥‥ 20
アザブ（麻布）‥‥‥‥ 20
アスカ（明日香）‥‥‥ 42
アズサ（梓）‥‥‥‥‥ 22
アズサワ（小豆沢）‥‥ 21
アヅマヤマ（吾妻山）‥ 22
アヅミノ（安曇野）‥‥ 22
アソウ（麻生）‥‥‥‥ 110
アテラ（阿寺）‥‥‥‥ 108
アテラサワ（あてら沢）‥ 108
アビコ（我孫子）‥‥‥ 74
アボ（阿保）‥‥‥‥‥ 75
アボウトウゲ（安房峠）‥ 74
アメマ（雨間）‥‥‥‥ 75
アラヒサ（荒久）‥‥‥ 110
イカリガセキ（碇ヶ関）‥ 38
イグサ（井草）‥‥‥‥ 20
イケガミ（池上）‥‥‥ 22
イケブクロ（池袋）‥‥ 24
イタコ（潮来）‥‥‥‥ 109
イタバシ（板橋）‥‥‥ 25
イチガヤ（市谷）‥‥‥ 28
イチノセキ（一関）‥‥ 39
イチノタニ（一ノ谷）‥ 28
イナギ（稲城）‥‥‥ 111
イナゲ（稲毛）‥‥‥‥ 111
イナサ（引佐）‥‥‥‥ 111
イヌガミサキ（犬ヶ岬）‥ 113
イヌボウサキ（犬吠埼）‥ 112
イヌボリバナ（犬堀鼻）‥ 113
イヌマ（犬間）‥‥‥‥ 112
イヌヤマ（犬山）‥‥‥ 112
イヌワカ（犬若）‥‥‥ 113
イマイケ（今池）‥‥‥ 23
イルマ（入間）‥‥‥‥ 120
ウキマ（浮間）‥‥‥‥ 35
ウシゴメ（牛込）‥‥‥ 45
ウミ（海）‥‥‥‥‥‥ 29
ウミノクチ（海ノ口）‥ 29
ウメダ（梅田）‥‥‥‥ 28
ウメハラ（梅原）‥‥‥ 29
エグリ（江栗）‥‥‥ 30
エゲ（会下）‥‥‥‥‥ 30
エゴタ（江古田）‥‥‥ 29
エド（江戸）‥‥‥‥‥ 31
エドブクロ（江戸袋）‥ 32
エンザン（塩山）‥‥‥ 116
オオシオ（大塩）‥‥‥ 117
オオシマ（大島）‥‥‥ 78
オオタバ（大丹波）‥‥ 78
オオボケ（大歩危）‥‥ 64
オオマ（大間）‥‥‥‥ 51
オオマキ（大牧）‥‥‥ 85
オオヤマ（大山）‥‥‥ 78
オギクボ（荻窪）‥‥‥ 34

掲載地図

国土地理院２万５千分の１地形図

小諸、松原湖、碇ヶ関、塩山、下総滑川、水上、原町田、東京西南部、船橋、瀬戸、高山、志木鶏知、長門古市、岩間、草加、東京西部、石岡、須川、江繋、左沢

国土地理院５万分の１地形図

青梅、足尾、烏山、青森西部、川越、小田原、神津島、御蔵島、八丈所属諸島、古河、銚子、潮来利島、京都西南部、男体山、上野原、五日市、大阪東南部、田口、草津、都留、千葉

写真撮影　著者

山内　和幸（やまうち　かずゆき）
昭和23年生まれ。岐阜県中津川市在住
昭和46年　岐阜県立高等学校教員
地名研究家　岐阜地理学会会員
地名由来研究のため全国すべての都道府県で現地調査。講演、執筆など多方面で活躍中。
主な著書：『地名由来　飛騨・美濃』まつお出版、『恵奈の地名由来と恵那雑巾』文昌堂、『歴史散歩　岐阜県』山川出版社（分筆）、『各駅停車　岐阜県』河出書房新社（分筆）、『日本の地名』角川書店（分筆）、『岐阜県地理地名事典』地人書房（編集委員・分筆）、『岐阜県地理あるき』大衆書房（分筆）、『歴史の道調査報告書　南北街道』岐阜県教育委員会（分筆）。

◇カバー・武藤美智子

地形由来《ちけいゆらい》でみる　東京《とうきょう》の地名《ちめい》

2015年11月1日　　第1刷

著　者　　山内《やまうち》　和幸《かずゆき》
発行者　　松尾　一
発行所　　まつお出版
〒500-8415
岐阜市加納中広江町68　横山ビル
電話　058-274-9479
郵便振替　00880-7-114873

印刷所　　ニホン美術印刷株式会社

※価格はカバーに表示してあります。
※落丁本、乱丁本はお取り替えします。

ISBN978 - 4 - 944168 - 44 - 6　C0025